나의 작은 이력서

나의 작은 이력서

기움증, 공기연하증, 성대마비, 배에서 꼬르륵 등
호흡장애에 대한 최초의 이야기

Wooya 지음

바른북스

원래는 TV도 켜고 라면 먹으면서 재밌게 보고 싶은 어린 맘이었지만, 안타깝게도 그게 안 됐다. TV를 켜면 TV 켠다고 또 뭐라고 할 것 같았기에 정말 불 다 꺼진 방에 할아버지, 할머니가 바로 옆에서 자고 있었지만 닭똥 같은 눈물을 참으며 어두운 방에서 조용히 라면을 다 먹었었다. 이게 나의 평범한 일화이다. 이렇게 사는데 어떻게 눈치를 안 보고 살 수가 있을까? 그런 사람이 존재하려나?

성인이 된 후 나에게만 있었던 특별한 것. 어느 날 스승님이 나에게 이런 말을 하셨다. "영운 씨만 그래요"

※ 모든 내용은 하나로 연결됩니다.
※ 일기 형식의 수필이므로 이야기의 전개가 빠릅니다.
※ 처음 읽게 됐을 때 절대 글의 내용만 보고 따라 하지 마세요.
※ 이 책을 두 번 읽게 된다면, 처음 읽을 때와 다른 것이 느껴지게 될 것입니다.
※ 천천히 내용을 상상하면서 읽어주세요.

시작하는 글에 앞서 하는
한마디

이 책은 나의 이력서를 자랑하고 싶어서 끄적인 것이 아니다. 남들과 나의 차이점을 보여주기 위한 책 내용도 아니다. 그저 나라는 사람의 삶을 통째로 보여줌으로써, 이 책을 읽는 독자들에게 때로는 공감을, 때로는 교훈을, 때로는 부족함을, 때로는 실패에서 오는 경험을 쌓고 그것들이 한데로 뭉쳐 한 사람이 된다는 것을 보여주고 싶어서 쓴 글이다. 어쩌면 이 책으로 인해 도움을 받을 수 있는 사람도 분명히 있을 것이라고 생각하기에, 책을 쓰는 것을 포기하지 않은 것도 있었다. 때때로 나는 이런 생각을 갖고 살아가기도 했다.

'한 사람에 대한 인생을 전부 보게 된다면, 과연 다른 사람들은 그 사람을 무시하는 행동을 할 수 있을까?'

라는 생각을 곰곰이 한 적이 있다. 살면서 우린 보통 새로운 사람과 마주할 때, 그 사람의 한 면만 보고 판단하게 된다. 예를 들면 누군가는 어떤 사람의 주눅 든 모습을 보고선 '쟤는 왜 저렇게 소심한 거야?'라고 생각할 수 있다. 하지만 그 사람의 인생을 들여다봤을 때, 살면서 스스로가 위축되는 경험을 하여 그것을 토대로 성격이 조금씩 방어적으로 변했다면? 내가 그 사실을 알고 그 사람을 마주한다면, 과연 같은 생각을 할 수 있을까?

 이렇듯 우린 그 사람의 작은 한 면만 보고 판단하는 습관을 나도 모르게 내비치고 있는지도 모른다. 물론 이런 행동들이 모두에게 해당된다는 것은 아니다. 대체로 그렇지 않겠냐는 의문을 가질 뿐이다. 그래서 쓰게 된 『나의 작은 이력서』.

 나와 다른 이의 인생을 한번 들여다보자.

누군가의 인생을 들여다본다는 건,
 그 사람과 마주하게 되며 나를 되돌아보는 계기가 되는 것

목차

시작하는 글에 앞서 하는 한마디

- 010   나의 어린 날
- 013   어린 날의 변화
- 020   아프지 마세요
- 027   나의 사랑함과 싫어함의 온도
- 031   오늘부터 넌 나의 1등이야
- 034   그래프 같은 나의 기분
- 042   나의 첫 꿈에 한 발 내딛고 난 후 슬픔
- 051   안 돼요
- 055   나의 첫 의미
- 059   고향과 아주 차근차근
- 079   내가 있어야 할 곳
- 088   내 첫 발돋움
- 099   인생 제2막 시작(나만의 기술)
- 105   우리 집이 생겼어요
- 108   또 하나의 큰 벽
- 113   첫 번째 꿈

117	나에게 주어진 시간
122	잠시 되돌아온 시간
126	너의 이름은!
133	파헤쳐지는 너
137	내 몸의 상태
141	그것이 내 운명이란 말이오?
146	그래! 결심했어!
149	파헤쳐지는 너(2)
155	많이 호전된 내 몸
160	시도
169	파헤쳐지는 너(3)
174	발성
193	신경발성법
197	발성의 구별법
204	이런 일도, 저런 일도
211	너의 자세는?
216	경직적 호흡장애의 증상들
220	좋은 발성의 구별법 정리
222	핵심 결론
226	시도(2)
252	끝으로
258	호흡장애 개선 후 바뀐 증상들
262	마지막 일기

나의 어린 날

　　　　　　　　　　1991년 8월 16일(음력)에 태어난 나는 정수리 쪽에 노란색의 머리카락이 조금 있었고, 눈이 동그랗고 작지 않았으며 눈썹이 짙었고, 입술은 참새 똥구멍만 하다는 얘기를 들은 얼굴을 갖고 있었다. 나의 이름은 이영운이었고, '영' 자는 '영화 영', '운'은 '이를 운' 자를 써서 '영운'이라고 지으셨다. 내 이름을 고모부가 지어줬다는 소문도 있고, 외삼촌이 지어줬다는 소문도 있었다. 그러나 엄마는 내 이름을 철학관에서 지어 오셨다고 했다. 무엇이 정답인지는 모르겠다. 우리 가족은 아빠, 엄마, 큰누나, 작은누나, 나 이렇게 5명이서 살고 있었고, 누나들은 나보다 6살, 7살이 많았으니 난 늦둥이에 막내였다.

　　나는 어느 지방의 작은 시골에 살았고, 시골 사투리를 쓰는 어색한 말투도 갖고 있었다. 그렇게 나는 태어났고 조금씩 자라기 시작했다.

어린 시절 난 물욕이 많았다고 한다. 왜냐하면, TV에 장난감이 보이면 무조건 사달라고 떼를 무진장 써서 결국엔 내 작은 손에 기어이 그 장난감을 쥐고야 말았다. 그렇게 얻어낸 장난감은 엄청 많았으며 나는 그때의 기억은 잘 나지 않지만, 집에 우체국 6호 박스 크기의 플라스틱으로 된 장난감 박스로 5~6개가 꽉 찰 정도로 있었으니 떼를 무진장 쓴 건 확실한 것 같았다.

내가 5~6살쯤에 할아버지 집의 안방에서 문을 열고, 마루를 넘어 햇살이 포근하게 들어오는 날에 곤히 잤던 기억이 있다. 그때의 햇살은 나에게 포근한 이불이 되어주듯이 따뜻했고, 너무 행복한 표정을 지으며 새근새근 잠을 잤었다. 그때부터일까? 나는 할아버지 집이 너무 좋았다. 할아버지 집의 안방은 가로 10m, 세로 3m 정도의 긴 직사각형 같은 방이었고, 안방 문을 열고 나오면 나무를 겹겹이 붙여 만든 마루와 작은방 2개가 있었다. 그 집에는 할아버지, 할머니, 큰삼촌(큰아버지), 작은삼촌(작은아버지)과 작은삼촌의 아들, 딸. 즉, 나에겐 사촌들인 형과 누나가 살고 있었다. 사촌들은 나보다 나이가 많았다. 왜냐하면 나는 우리 집에서 늦둥이에 막내이니까. 그리고 나는 삼촌들을 '아지야'라고 불렀었다. 이런 가족들 모임에 얽히고설키면서 시간이 지나고 보니 난 어느샌가 할아버지 집에서 부모님과 떨어진 채로 진짜로 살고 있었다. 시간이 지나고 나서 그때 이야기를 부모님께 들어보니 내가 할아버지 집에서 안 나가려고 했었다고 한다. 그 당시에 나도 부모님을 닮은 건지는 모르겠지만, 한 똥고집을 했었기에 부모님도 이길 수 없었을 거라고 생각한다. 부모님도 그땐 정말 어이없고 놀랐었겠지? 이게 무슨 생이별이란 말인가.

어린 날의 변화

할아버지 집에서 지내게 된 나는 아침마다 TV에서 방영해 주는 「네모바지 스폰지밥」이라는 만화 프로그램을 보고 할아버지에게 300원을 받아서 등교를 하는 낙으로 하루하루를 살게 됐다. 그 당시에 나는 300원의 가치를 잘 알지 못했다. 왜냐하면 다른 사람들의 용돈은 하루에 얼만지 알지 못했었으니까. 난 늘 하교를 하면서 300원을 갖고 문방구에 가서 슬러시나 불량식품, 피카츄돈가스 같은 것을 사 먹으면 너무 기분이 좋았다. 과자나 음료수 하나에도 큰 행복감을 얻어 하루 종일 기운 넘치던 어린 시절에만 가질 수 있는 순수한 어린아이의 소박한 마음이었나 보다. 그러나 이렇게 행복한 일만 있는 것은 아니었다. 사실 불행한 일들이 더 많았다고 느끼고, 어린 나이에 너무 일찍 철이 들었다고 생각한다. 그 이유는 할아버지 집에서 같이 산 아지야들 때문이었다. 아지야들은 나를 좋아하거나 귀여워하지 않았다. 오히려 나를 싫어했으며 질투하고, 어떻게든 구박을 하려고 했다. 그 원인은 바로 할아버지가 우리 아빠한테만 잘해줬다는 것, 단지 그것 때문에 아무것도 모르는 나를 그렇게 싫어했다. 나는 할아버지가 아빠한테 얼마나 잘해줬는지도 모르고 당시에 아지야들이 왜 나를 싫어하는지도 몰랐다. 하지만 그것만은 알고 있었다. 아지야들은 할아버지의 속을 많이 썩여서 힘들게 하는 일이 많았다. 그래서 나는 어린 나이에 너무 마음의 상처를 많이 받았으며 눈치 보는 일상 때문에 일찍 철든 것 같았다. 이런 일 때문에 가끔 너무 스트레스를 받아서 부모님의 집으로 가서 며칠 지내기도 했다. 하지만 부모님의 상황도 그리 좋은 편은 아니었다. 우리 집은 IMF가 오기 전에 잘살았다고 한다. 그러나 IMF가 오고 나서 빚 1,000만 원 때문에 레스토랑을 하던 가게를 내놓아야 했으며 장사를 하면 어떤 돈에 환장한 사람이 와서 장사 도중에 돈 내놓으라고 막 소리도 지르고, 가게도 엎고 그랬다. 아빠와 엄마는 결국 돈 때문에 서로 자주 싸웠고, 물건이 날아다녔으며, 깨지는 소리, 고함 소리, 여러 가지 소리가 듣기 싫어도 귀에 들어왔었다. 이러니 아이들이 당연히 빨리 철이 들 수밖에 없었다고 생각한다. 아마 누나들도 그때 그래서 빨리 철들지 않았을까 하는 짐작을 해볼 수 있었다.

어쨌든 난 엄마한테 가서 아지야가 무섭고, 날 괴롭힌다는 식의 말투로 얘기했지만, 엄마는 그때 나에게 이렇게 말했다.

"삼촌이 너 좋아서 그러는 거야"

그 말을 듣고 나서 난, 그 당시 엄마의 말이 이해가 안 됐다. 속으로 '내 편은 없는 건가?'라는 생각을 하기도 했었다. 그러나 엄마가 그 상황을 보고서 말을 한 게 아니기 때문에 지금에서는 그럴 수도 있겠다는 생각이 들기도 했다. 그리고 엄마는 엄마 나름대로 집안의 문제, 빚 문제, 자식들 문제 등 돈 때문에 걱정이 많아서 나에게까지 손을 뻗을 여유가 없었을지도 모른다는 생각이 들기도 했다. 아빠는 화물 운수업을 했다. 초창기에는 사업이 잘돼서 돈을 많이 벌었다고 했었는데 도박을 좋아하셔서 돈을 집에 가져다주지 않았다고 했다. 아마도 돈을 다 잃으신 거였겠지? 그래서 거의 엄마 혼자서 자식들과 집을 계속 지켜온 셈인 것이다. 그 후 어릴 때 깨달은 것이 있었다. 돈으로 인해서 사람들끼리 다툼도 생기고 서로를 미워하며 싸운다는 것을 말이다. 아직 세상을 얼마 살아보지도 못한 한참 어린 꼬마가 이 세상의 두려움과 부모님이 얼마나 힘든지 같은 건 알 리가 없었다. 그저 눈에 보이는 대로 믿을 나이였으니깐 말이다.

그렇게 부모님 집에서 며칠 지내다가 보면 할아버지의 전화가 오곤 했다. 나를 보고 싶다고 빨리 집에 오라는 전화였다. 막상 떨어져 있으니 나도 할아버지가 보고 싶은 마음이 커져 있었고, 전화를 받고 나서 아주 당연한 듯 다시 부모님과 떨어져 할아버지 집으로 돌아갔다. 할아버지 집과 부모님 집의 거리는 한 1km 정도라서 생각보다 멀지 않아 충분히 내가 걸어서 뚜벅뚜벅 걸어갈 수 있었다. 할아버지 집에 다시 돌아온 나는 역시나 아지야의 눈치를 보며 동태를 살필 수밖에 없었다. 괜히 눈에 띄었다간 날 구박할 것만 같았으니 말이다. 그렇게 지내다 보니 조금씩 나도 모르게 내성적으로 변해갔다. 이게 정말 무서운 게, 습관이 되면 밖에서도 눈치를 보게 되는 나를 발견할 수 있다는 것이었다. 내성적으로 변한 나는 점점 감정을 숨기는 것이 익숙해졌고, 표정도 점점 없어졌으며, 얼굴은 거의 정색을 하고 있었다. 그럴 수밖에 없었다. 그 일화를 하나 얘기해 주자면, 할아버지 집에는 먹을 것이 넉넉한 편은 아니었다. 매일 같은 반찬에 같은 국, 밥을 한 번에 많이 지어서 하루가 지난 노란 밥들 등등이었으며, 엄마가 가끔 반찬을 갖다주셨는데 그것도 한 일주일이 지나면 동이 나기 일쑤였다. 그래서 나는 거의 주식으로 라면을 먹었다. 얼마나 맛있었던가. 할아버지 집에는 보통 라면을 한 박스씩 사놓곤 했는데 거의 15일이면 다 없어질 정도로 많이 먹었다. 왜냐하면 제일 맛있는 음식이었으니 금방 없어지는 건 당연지사다. 어느 날은 밤 10시쯤 내가 라면을 끓이는데 작은 아지야가 내 근처를 지나가는 것이었다. 나도 모르게 긴장을 하게 됐고 당연하단 듯이 아지야가 또 날 구박했다. 이유는 밤에 라면을 먹는다는 이유였다. 밤에 먹는 게 그렇게 잘못된 것이었나? 서러웠다. 밤에 라면 하나 맘 편히 먹지 못하는 내 처지가 아주 많이 서러웠다. 그때 할아버지, 할머니는 밤 10시라 자려고 하고 있을 시간이었다. 원래는 TV도 켜고, 라면도 먹으면서 재밌게 보고 싶은 어린 맘이었지만 안타깝게도 그게 안 됐다. TV를 켜면 TV 켠다고 또 뭐라고 할 것 같았기에 정말 불 다 꺼진 방에 할아버지, 할머니가 바로 옆에서 자고 있었지만 닭똥 같은 눈물을 참으며 어두운 방에서 조용히 라면을 다 먹었었다. 이게 평범한 일화이다. 이렇게 사는데 어떻게 눈치를 안 보고 살 수가 있을까? 그런 사람이 존재하려나? 그런 나에게 할아버지, 할머니는 늘 내 편이 되어주셨다. 할아버지는 작은 아지야가 날 구박하면 작은 아지야에게 반박을 했고, 가끔 할아버지가 사촌들을 혼내면 또 작은 아지야가 자식들 편을 들어 다투는 그런 애매한 삼각관계 같은 게 있었다. 그런 나와 내 사촌들은 항상 불똥이 튀지 않을까 조마조마하며 마음을 졸이기 십상이었다. 그래서 시간이 얼른 지나 어른이 됐으면 좋겠다고 많이 생각했으나 나의 마음과는 정반대로 시간이 엄청 느리게 가는 것처럼 느껴졌다. 그런 나날이 지속되는 가운데 오랜만에 우리 집에 고모들이 오셨다. 고모들은 그 당시의 나의 눈에 하나같이 무서웠다. 그러나 싫은 것만 있는 건 아니었다. 왜냐하면 작은고모는 집으로 돌아가실 때 항상 용돈을 주고 갔기 때문이다. 그러나 큰고모는 분위기를 엄하게 잡으시고 교육에 철저한 느낌을 많이 받은 터라 좋아하지는 않았다. 큰고모는 밤 10시만 되면 잠을 주무시는 분이시기에 어린 나에게는 좋은 이미지는 아니었다. 큰고모부는 학교 선생님이셨는데 가끔씩 오실 때 우리들을 보면 공부 잘하고 있냐는 식으로 항상 물어보셨다. 난 그게 너무 싫었다. 아지야들로부터 이미 충분히 많은 억압을 받고 있는데 다른 사람까지 와서 압박을 주니 할아버지 집의 집 안 곳곳이 가시들로 꽉 찬 가시방석 같았다. 그리고 난 공부가 싫었다. 이유는 아주 간단하다. 그냥 재미가 없기 때문에 하기가 싫었다. 그래서 시험 기간이 되면 한 일주일 전에 벼락치기 하는 스타일이었는데, 그 결과가 항상 중간 정도는 해서 괜찮은 등수라고 매번 생각했다. 그리고 난 가끔 이런 생각을 하기도 했다. 내가 초등학생 때 있었던 일인데, 밥을 먹으러 급식소에 가던 중이었다. 그때 급식실로 가는 길에 그렇게 높지 않은 계단이 한 20개 정도 있었던 것 같다. 그런데 내가 무얼 하다가 그랬는지는 모르겠지만 계단에서 줄을 서 있다가 열 번째 계단 정도에서 떨어졌었다. 떨어져서 바닥에 이마를 찧었고 바로 이마가 찢어졌다. 쉽게 말해 구멍이 났다. 난 아무렇지 않게 있었지만 선생님의 귀에 얘기가 들려 바로 병원에 가서 이마를 꿰매야 했다. 병원에 도착하여 수술대 같은 곳에 누우니 간호사분께서 얼굴에 초록색 천 같은 걸 덮고 상처가 난 곳, 아무런 감각이 없던 나의 이마를 의사 선생님이 꿰매면서 나에게 물어봤다. "어이구, 많이 아팠겠네. 꿰매는데 안 아파요??"라고 물어보셨는데 "안 아파요"라고 해맑게 얘기했던 것 같다. 그래서 혹시 내가 '그때 그래서 기억력이 좀 떨어졌나? 건망증이 생긴 건가?'라는 착각을 가끔 하게 된다. 물론 내 착각일 확률이 크긴 하지만 말이다.

아프지 마세요

내 생일은 음력 8월 16일, 항상 추석 다음 날이다. 그리고 할아버지 집에서는 특별한 날에만 먹을 수 있는 음식이 있다. 바로 짜장면이었다. 이게 무슨 특별한 음식이냐 하겠지만 그 당시에 나에게 짜장면은 귀한 음식이었다. 짜파게티 같은 짜장라면이랑은 너무도 다른 맛의 고급 음식 같은 느낌이었다. 사실은 돈에 대한 여유가 있는 편이 아니었기에 비싼 소고기 같은 걸 식당 가서 구워 먹는다는 상상조차 해본 적이 없는 순수했던 시절이었다. 이렇게 특별한 날에 나는 짜장면을 먹는다. 그리고 가끔 할아버지가 만들어 주신 돼지불고기가 있는데 정말 맛이 있었다. 삼겹살 같은 돼지고기에 시중에 파는 소고기불고기 소스 같은 걸 발라서 구워주신 특별 메뉴다. 그런 맛있는 메뉴가 있으면 밥 한 공기는 거뜬히 다 먹을 수 있었다.

그런데 이런 날이 흔하진 않았다. 왜냐하면 내 생일은 늘 추석 다음 날이라 명절의 제사를 위해 친척들이 다 오고, 제사를 하기 위해 만든 제사 음식도 많았기 때문에 내 생일이 묻히는 건 흔히 있는 일이었다. 그렇기에 다른 사람들처럼 생일 때 선물을 받는다는 기대치 같은 것도 나에게는 없었다. 나에게 생일은 그저 명절 다음 날인 빨간날이고, 항상 빨간날이기에 주변 친구들이 아는 일도 없었고, 많이 남은 제사 음식을 먹는 다음 날일 뿐이었다. 그런 추석과 내 생일이 지나 추운 겨울이 찾아오면 눈이 많이 왔었다. 많이 쌓일 때는 어느 정도였냐면 최소 30cm 이상이 쌓이기도 했었다. 사실 난 눈이 올 때 아주 펑펑 내렸으면 좋겠다고 생각한 적이 많았다. 눈뿐만이 아니라 비가 올 때도 엄청 많이 내렸으면 좋겠다고 생각한 적이 많았다. 이유는 아주 귀여웠다. '학교를 쉴 수도 있지 않을까?' 하는 어린애다운 발상을 하곤 했기 때문이다. 하지만 그런 일은 정말 흔하지 않았다. 할아버지의 집과 초등학교의 거리는 불과 200m 정도밖에 되지 않아 정말 너무나도 가까웠기 때문이다. 그래서 가끔 버스를 타고 등교를 해야 하는 아이들이 살짝 부럽기도 했었다. 버스 타는 친구들이 간혹 자연재해 문제로 학교에 오지 못한 경우의 사례가 있기도 했기에 그런 마음을 가진 것 같았다. 나는 눈이 많이 오는 날에는 눈사람을 만들었는데, 눈사람을 만들기 아주 좋은 장소가 있었다. 바로 할아버지 집 뒤편의 엄청 넓은 주차장 같은 공간이다. 거기서 가끔 사촌 형, 누나랑 눈싸움도 하고 그랬다. 눈싸움을 하고 오면 손이 동상이라도 걸린 듯 차갑고 시뻘겋게 돼 있었다. 그렇지만 재미만 있으면 좋았다. 눈이 오면 좋았지만 눈이 오지 않는 평범한 겨울은 그다지 좋아하지 않았다. 아침에 일어났을 때 안방을 나가서 마루에 발을 내디디면 차가운 냉기가 발바닥에 닿는 게 너무나 싫었다. 그리고 온수가 가끔 안 나오는 날에 찬물로 머리를 감거나 세수를 할 때 물을 틀어놓고, 물이 머리나 얼굴에 닿기 전에 온갖 정신통일과 마음의 준비를 하고 후다닥 씻어야 하기 때문에 겨울 아침을 맞이하는 것이 그다지 좋지만은 않았다. 물에 오랫동안 머리가 닿아 있으면 왠지 머리가 얼 것만 같았고, 나의 몸은 감기에 걸린 듯 오한이 와서 너무 추웠다. 할아버지 집에는 드라이기라는 게 딱히 없었는데 겨울에 머리를 감고 나가면 머리가 어는 것은 거의 불가피한 일이었다. 그러고 학교에 가면 나와 비슷한 친구가 참 많이 있었으며 서로 너무 춥다고 깔깔대면서 웃곤 했다.

할아버지 집에서는 겨울이 되면 연탄으로 집을 데웠다. 당시에는 연탄을 쓰는 집이 많이 있었다. 기름보일러로 집을 데우는 것보다 훨씬 가성비가 좋았기 때문이다. 연탄의 화로는 3개가 있었고, 내가 아주 가끔 연탄을 갈아보기도 했다. 연탄을 갈 때는 화로 하나에 총 3장의 연탄을 세로로 얹어놓는데 3장을 얹어

놓고 시간이 지나면 제일 위의 연탄 하나만 불이 남아 있게 된다. 그러면 제일 위에 있던 연탄 한 장을 다시 제일 아래에 놓고, 그 위에 구멍을 맞춰 새로운 연탄 2개를 올려두기만 하면 된다. 그렇게 연탄 화로 3개를 피워놓으면 정말 집에 불덩이가 들어온 듯 뜨거웠고, 한겨울에도 엄청 화끈화끈했다. 오죽했으면 너무 뜨거워서 잠도 못 잘 정도였다. 신기한 건 그렇게 해도 할아버지와 할머니는 잠을 엄청 잘 주무셨다. '나이가 들면 뜨거운 것도 잘 참고, 따뜻한 게 점점 좋아지는 건가?' 하며 호기심이 생기곤 했다. 눈이 오고 얼마 지나지 않아 한 해의 끝을 넘어 새해가 밝았다. 그리고 나의 용돈도 밝아졌다. 하루 용돈 300원이었던 나의 용돈이 늘어 500원이 됐었다. 그 500원으로 오락실에 가서 '철권'이라는 격투 게임과 'EZ2DJ'라는 리듬 게임을 하는 게 하루의 낙이 됐다. EZ2DJ는 혼자 하는 리듬 게임이라 괜찮지만, 철권을 할 땐 초보였던 난 매일 다른 사람에게 지기만 했다. 그렇게 받은 용돈을 다 쓰면 다른 사람들이 철권을 어떻게 하는지 구경을 하고 카피를 했다. 독특한 기술을 쓰면 왠지 멋있어서 그 사람의 뒤통수가 뚫릴 정도로 뒤에서 쳐다보기도 했다. 그러다 몇 시간 동안 구경하다가 집에 돌아가곤 했다. 게임을 잘 못하는 내가 싫어서 연구를 나름 많이 했었다. 그렇게 매일같이 오락실에 가서 게임을 하다 보니 어느새 취미가 됐고, 난 나름 실력자가 되어 있었다. 내가 철권을 하고 있을 때 다른 사람이 날 쳐다보고 있으면 괜히 의식이 돼서 나 혼자만의 멋있는 기술, 독특한 기술이라고 생각하는 것을 게임 내내 쓰곤 어깨를 으쓱으쓱하고 그랬다. EZ2DJ라는 리듬 게임도 마찬가지였다. EZ2DJ의 화면에 반사되어 누군가 보고 있는 게 눈에 비치면 괜스레 자만심이 생겨 게임 속도를 올리고 누구나 할 수 없는 것처럼 한껏 멋있는 척을 하는 허세를 부렸다. 뒤에서 보는 사람의 입장에서는 어린아이의 허세 가득함이 엄청 웃겼을지도 모른다. 지금 생각해 보면 조금은 부끄러운 것 같기도 하다. 그래도 누구나 어릴 때 이런 허세를 한 번쯤은 갖고 있었을 것이라고 생각한다. 물론 나에게 맞지 않는 옷을 입은 듯 그리 오래 가진 않았지만 말이다.

우리 할아버지 집의 밖에는 동굴 같은 느낌의 창고가 있었는데 굉장히 컸다. 그 안에는 주워놓은 박스들이 접혀서 빼곡히 쌓여 있었고, 그 박스들을 팔면 한 20~40만 원 정도 받았던 걸로 기억하고 있다. 그렇게 쌓으려면 한 3~4개월은 모아야 했던 것 같았다. 할아버지가 그 박스를 판 돈으로 우리 라면도 사놓고 했던 것이다. 나도 박스를 주우러 가봤는데 쉬운 일은 아니었다. 겨울에 박스를 주우러 가셨다가 돌아오실 때는 할아버지의 손이 아주 차가웠다. 얼음장 같다고 말하는 건 이때 쓰는 건가 싶었다. 박스가 창고에 쌓이고 난 뒤에 박스를 팔 때는 엄청

나게 큰 집게가 달린 차가 왔고 우리가 2~4달 동안 모은 박스를 몇 분도 되지 않아서 차에 다 싣고 돈을 준 후에 떠났다. 그렇게 텅텅 빈 할아버지 집의 창고는 공허함만이 남아 있었고, 대신 우리의 배를 따뜻하게 해줄 라면이 우리를 반겼다.

 내가 5학년 때쯤이었으려나? 여느 때와 다를 것 없이 햇살 맑은 하늘이었다. 학교에 갔다 왔는데 할머니가 누워 계셨다. 내가 할아버지에게 "하부지, 함매 왜 저래?"라고 물어봤다. 그랬더니 할아버지가 "중풍이 와서 쓰러졌다"라고 말씀해 주셨다. 그 당시에는 어려서 중풍이란 게 뭔지 몰랐지만 할머니의 상태를 보니 단번에 이해할 수 있었다. 바람을 맞았다고 하는 이 중풍은 몸의 전신, 반신, 사지 등 몸의 일부에 마비가 오는 증상이다. 또 다른 말로는 '뇌졸중'이라고 한다. 우리 할머니는 좌반신에 마비가 오는 중풍이 오셨었다. 중풍으로 인해 할머니는 이제 걸어 다니지 못하셨고, 계속 누워 있으시고, 볼일도 혼자 못 보시기 때문에 주변에 앉는 변기 같은 걸 놔뒀었고, 기저귀를 차고 있으시기도 했다. 심지어 혼자 앉으실 수도 없었다. 그래서 항상 다른 사람의 도움을 받아야 했다. 그런 할머니에게 나는 도움이 될 수가 없었다. 할아버지가 기저귀를 교체해 주시고, 밥도 할아버지가 먹여드렸다. 그런 난 할아버지께 딱히 도움을 드릴 수 있을 만한 게 없었다. 누군가가 내 주변에서 사랑하는 사람이 아픈 걸 눈으로 보게 되니 복잡한 감정이 생겼다. 항상 행복하고 영원히 곁에 있어 줄 것 같았던 할머니가 아파서 누워 계시다니, 이런 상상은 한 번도 해본 적이 없었기에 너무 충격을 받았다. 혹시나 나의 할아버지와 할머니가 언젠가 내 곁을 떠날 수도 있겠다는 생각을 처음 해본 날이었고, 이후로 난 할아버지와 할머니를 더 애틋하게 사랑했다. 그래서 난 매일 잠을 잘 때 할아버지와 할머니의 옆에 누워 끌어안고 잤었다. 할아버지와 할머니가 가끔 덥다고 귀찮다는 식으로 말은 했지만 나는 끊임없이 계속 달라붙었다. 그래도 사랑하는 손자가 그랬으니 싫지는 않으셨나 보다. 근데 내가 그러는 걸 지독히도 싫어했던 작은 아지야는 변함없이 밤만 되면 작은 아지야 방에서부터 안방 밖의 마루를 지나가면서 투덜투덜 댔다. 그러면 또 할아버지가 시끄럽다고 뭐라고 하면 작은 아지야는 그 말에 반항하듯 대꾸를 했다. 그러다 가끔 정말 언성이 높아질 때도 있었다. 그런 날이 있으면 이불을 꼭 뒤집어쓰고 내가 작고 힘이 없지만, 혹시나 작은 아지야와 할아버지가 몸싸움을 하게 된다면 내가 나가서 작은 아지야한테 대들기로 마음먹은 날도 많았다. 하지만 그런 날은 다행히도 없었다. 그렇게 나의 소심함과 내성적인 성격은 점점 더 악화되어 갔다.

나의 사랑함과
싫어함의 온도

　　　　　　　　　시간이 흘러 나는 초등학교를 졸업하고 중학생이 됐다. 처음 중학교 교복을 입었을 때는 뭔가 정장 같은 느낌이 싫지는 않았다. 단정한 느낌이라 왠지 '조금은 멋있지 않을까' 하는 자신감도 조금은 있었다. 근데 그 느낌과는 정반대로 방학이 끝나고 중학생이 되어 학교에 가보니 모두가 더욱 낯설었고, 더 많이 내성적으로 변했던 나는 초등학생 때와는 다르게 말도 많이 없어지고, 자존감이 낮았던 터라 누구에게 먼저 다가가서 말을 걸고 이런 건 할 수가 없었다. 처음 보는 친구들과 말하는 것도 쑥스러웠고, 무슨 말을 해야 할지도 잘 몰랐다. 교복을 입고 괜찮은 느낌을 받았던 건 역시 속으로만 그랬던 상상인 것 같았다. 그래서 중학교 1학년 땐 친구가 많지는 않았다. 더군다나 내 교복은 사촌 형이 입던 교복을 물려받았는데 할아버지가 집 안에서 담배를 많이 피워서 옷에 담배 냄새가 많이 났다. 아마 그래서 친구들이 더 다가오기 꺼려 하지 않았을까 하는 생각을 한 적도 많았다. 그렇게 소심하고 내성적인 난 학교 가는 게 더욱 싫었고 재미없었다. 운동을 잘하는 편도 아니었고 친구도 많지 않았으니깐 말이다. 학교에 가는 낙이 없었던 것이다. 그래서 수업이 끝나면 곧바로 집에 돌아왔고 집에 있던 컴퓨터로 게임을 했다. 게임은 스트레스를 받지 않아 집중하고 몰두할 수 있는 일이었기에 좋았다. 그땐 참 게임을 많이 했었다. 집에 부모님도 없고, 나에게 간섭할 사람이 없었기 때문에 정말 미친 듯이 했었던 것 같다. 하루에 한 6시간 정도? 그러고 나서 다음 날 학교에 가면 잠을 줄곧 자곤 했다. 매일 그런 일상의 반복이었다.

  중학생이 되어 용돈도 2,000원으로 올랐고, 그 돈을 조금씩 차츰차츰 모았다. 그 돈으로 집에 돌아갈 때 자주 붕어빵이나 과자 이런 걸 사 갔다. 할아버지와 할머니랑 나눠 먹으려고 말이다. 나는 할아버지와 할머니랑 있는 게 너무나도 행복했다. 뭐랄까, 더 이상 바랄 게 없는 내가 원하던 이상적인 삶이었다랄까나. 돈에 욕심도 없었고 그저 할아버지, 할머니와 붕어빵 하나씩 나눠 먹는 그런 일상이 말이다. 할아버지와 할머니도 내가 붕어빵을 사서 나눠 주면 정말 좋아하셨다. 내가 사 먹었던 붕어빵은 할아버지 집과 불과 100m도 안 되는 거리에 분식트

럭이 하나 있었는데, 거기에서 파는 붕어빵이었다. 그 분식집에는 피자붕어빵, 슈크림붕어빵, 팥붕어빵과 어묵, 닭염통꼬치 이렇게 팔았다. 가끔 호떡을 팔기도 했었다. 그중에 할아버지와 할머니는 팥붕어빵과 호떡을 제일 좋아하셨다. 그런 소소한 일상을 즐기던 중 2004년 여름쯤인가? 갑자기 작은 아지야가 방에서 막 혼잣말을 계속하셨다. 난 '술을 엄청 자주 마셔서 하는 주사인가? 어디가 아픈 건가?'라고 생각했고 방에서 마치 누군가와 계속 얘기하듯이 중얼거렸다. 무서웠다. 그리고 너무 이상했다. 사람이 갑자기 이해할 수 없는 행동을 한다는 것이 말이다. 그렇게 한동안 작은 아지야의 증상은 계속됐다. 아침에는 그러지 않았으며 밤만 되면 그랬다. 작은 아지야는 저런 증상이 생기고 난 뒤부턴 나에게 구박을 하지 않았다. 친한 것처럼 갑자기 곧잘 말을 잘 걸어오기도 하셨다. 그러다가 어느 날 밤에 작은 아지야가 나한테 잠깐 와보라고 했다. 왠지 무서웠지만, 무서운 마음을 움켜쥐고서 작은 아지야 방으로 갔고, 작은 아지야가 나한테 이렇게 얘기했다. "저기에 뭐 있지 않나?"라고 물어보셨고 내 눈에는 아무것도 보이지 않아서 그대로 대답했다. 대답 후에 잠시 머뭇거리다가 문을 닫고 안방으로 돌아갔다. 그런 나날이 얼마 지나지 않아 작은 아지야는 돌아가셨다. 작은 아지야의 부모님인 할아버지와 할머니보다 먼저 말이다. 그렇게 작은 아지야의 장례식을 치른 후에 집이 이상하다고 느낄 정도로 조용해졌다. 그리고 나를 구박하는 사람이 없어졌다는 게 실감이 안 나긴 했지만 어색했고, 같이 있던 누군가가 없어져 생기는 공허함이 썩 좋지만은 않았다.

  할아버지 집에는 안방으로 들어가는 문 옆에 가로 40cm, 세로 1m 정도 되는 거울이 벽에 붙어 있었다. 문득 지나가다가 스치는 내 얼굴을 봤는데 내 표정이 너무 없고, 정색한 표정만이 내 표정의 전부인 것만 같았다. 그래서 나는 이 감정 없는 얼굴을 고쳐야겠다고 마음을 먹고 거울을 보면서 계속 웃는 연습을 했다. 화장실에 가서도, 의자에 앉아서 거울을 볼 때도, 라면을 끓여 안방으로 들어가면서 거울에 비친 내 모습을 볼 때도 몇 번씩 웃는 연습을 했다. 그랬던 것 때문인지 어느샌가 나는 이제 아무 이유 없이 웃는 게 습관이 됐고 조금씩 미소를 띠는 것처럼 웃는 입이 되는 버릇이 생기기 시작했다. 그러나 이게 좋은 건 아니었다. 시도 때도 없이 웃음을 어색하게 짓는 버릇 때문에 오해를 사기도 했기 때문이다. 슬픈 분위기에서 어색하게 입꼬리가 올라가기도 하고, 표정은 없는데 억지로 웃으려고 하는 그 어색한 웃음 때문에 이상한 분위기를 내기도 했다. 쉽게 말해 자연스러운 웃음이 아니었던 것이다. 하지만 이때가 내가 처음으로 습관을 고쳐보기로 한 첫걸음마였고, 이게 차후에 내가 습관을 고치는 버릇을 갖게 된 계기가 될 줄은 몰랐다.

오늘부터
넌 나의 1등이야

　　　　　　　　　　오늘은 아빠, 엄마와 차를 타고 산속의 어느 집으로 갔다. 그 집은 아빠와 엄마의 지인이 살고 있는 집이었다. 집 주변엔 나무가 많았으며 개도 한 마리 키우고 있었고, 산속이라 그런지 공기가 더 좋은 것 같았다. 그 집에서 처음 보는 낯선 어른에게 인사를 하며 집 안으로 들어갔다. 집은 굉장히 넓었고 좋았다. 오후 3시쯤이 됐으려나? 그때 밥을 먹으려고 하는데 배달 음식을 먹자는 얘기가 나왔다. 배달 음식이면 짜장면을 먹지 않겠는가? 세상에나 그런 특별 메뉴를 먹을 수 있다니 너무 설레었다. 40분 정도가 지났을 무렵 초인종이 울렸고 배달 음식이 도착했다. 비닐에 싸인 음식들을 들고 식탁으로 이동 중에 비닐봉지를 뚫고 나온 향긋한 음식 냄새들이 내 코를 찔렀다. 오랜만에 먹는 짜장면이라 마음이 들떠 배달 음식을 재빨리 식탁에 올려놨고 빨리 먹기를 기다렸다. 그렇게 식탁에 음식들을 다 올리고 나니 생전 처음 보는 음식이 눈에 띄었다. 하얀 튀김옷이 입혀져 있었으며, 길이는 가로 6cm, 세로 2cm의 작은 튀김이었다. 그리고 그 튀김들 옆에 주황색 빛깔에 당근, 양파, 쭈글쭈글 검은 버섯 등 여러 가지가 들어 있는 끈적끈적한 소스가 큰 그릇 안에 들어 있었다. 그렇다. 이건 바로 '탕수육'이란 메뉴였다. 난 짜장면을 먼저 입에 다 묻히면서 먹던 도중에 탕수육을 주변 사람들이 어떻게 먹는지 눈치껏 확인했고, 다른 사람들이 끈적끈적한 소스에 튀김을 넣어서 소스를 묻힌 상태로 먹기에 바로 똑같이 따라 하여 먹어봤다. 그 순간 난 이런 생각을 했다. '이건 뭐지? 세상에 이런 음식이 있었나?' 너무 맛있어서 깜짝 놀랐다. 짜장면을 먹던 손을 잠시 멈추고 한동안 탕수육만 계속 먹었다. 그렇게 먹던 중 집주인인 아저씨가 탕수육을 소스에 찍고, 옆에 작은 간장 종지에 들어 있던 고춧가루가 들어간 간장에 한 번 더 찍어서 먹지 않는가? 저건 또 뭐지? 호기심이 든 난 그 아저씨처럼 탕수육을 끈적끈적한 소스에 찍은 후 간장에 한 번 더 찍어서 먹어보기로 했다. 너무 충격적이었다. 끈적끈적한 소스에만 찍어 먹었을 때보다 훨씬, 더욱더 훨씬 맛있었다. 그렇게 머리통을 흠씬 두들겨 맞은 것처럼 정신없이 밥을 먹고 나니 벌써 집으로 갈 시간이 됐고 다시 차에 타서 집으로 돌아왔다. 나는 당연히 할아버지의 집에 내렸고 계속 충격을 받은 상태로 집으로 들어갔다. 그리고 나는 그날부터 제일 좋아하는 음식이 탕수육으로 바뀌어 버렸고 다음 날에도 먹고 싶어서 할아버지에게 말했다. "할아버지!! 탕수육 사줘요!!" 라고 말이다. 그런 시간들이 흘러 어느새 한 해가 지났고, 나는 중2라는 타이틀을 얻게 되었다. 여전히 할머니는 중풍이란 병 때문에 항상 누워 있으셨고, 할아버지는 담배를 뻐끔뻐끔 피우셨으며, 나는 중2병이라는 사춘기도 같이 얻게 되었다.

그래프 같은 나의 기분

오늘은 학교에 갔다 온 후 할머니 옆에 누워서 만화를 방영해 주는 TV채널을 틀어 재밌게 보고 있었다. 그런데 너무 입이 심심했다. 나에게 용돈은 없었고, 할아버지는 용돈을 줄 리가 없었다. 그래서 눈앞에 계신 몸이 불편한 할머니에게 과자가 먹고 싶다고 어린 마음에 조르기 시작했다. 할머니는 돈이 없다고 했지만, 난 그때 사춘기가 왔을 무렵이라 막 울고, 떼쓰고, 화내고 그랬다. 미친놈이었다. 할머니가 중풍에 쓰러져 몸의 반이 움직이지 않는데도 돈 때문에 할머니의 속을 썩였다. 그러자 할머니께서 누워서 베고 계시던 베갯잇 안에 있는 작은 동전지갑을 움직이기 힘든 한쪽 팔로 꺼내셨다. 그 지갑 안에는 천 원짜리, 만 원짜리 등의 돈이 고이 접어져 꾸깃꾸깃하게 들어 있었다. 돈을 조금 꺼내서 내 손에 쥐여 주고

서야 난 울음을 그치고 떼를 쓰지 않았다. 난 그 지갑에 있던 돈을 받고서 마트로 향하여 과자와 맛있는 주전부리들을 사 들고 집으로 돌아와 빨갛게 충혈되고 통통 부은 눈으로 과자를 먹으면서 TV를 보며 희희낙락거렸다. 할머니는 손자인 내가 떼쓰고, 울고, 화를 내도 과자를 먹고 있는 내 모습을 보고선 "맛있나?"라고 물어보시면서 미소를 띠어주셨다. 그 미소를 보니 괜스레 떼를 썼던 내가 죄송스러웠다. 사춘기란 이런 건가? 별일도 아닌 걸로 괜히 할머니를 힘들게 한 것 같아 죄책감이 들었다. 적당히 나이를 먹었다고 생각한 내가, 무엇이든 다 할 수 있을 것 같았던 나의 마음도 모두 거짓이 되는 여전히 어린아이 같은 행동이었다. 노을이 지고 난 후 어둠이 찾아와 잠을 잘 시간이 될 때까지도 할머니에게 오늘 너무 속을 썩이게 해드린 것 같아 미안한 마음을 표출하듯이 할머니를 꼬옥 안고 잤다. 그리고 앞으로 최대한 이러지 말아야지 하는 속마음이 나를 조금씩, 아주 조금씩 사춘기를 이겨내는 밑바탕이 되는 것 같은 하루가 됐다.

오늘은 학교에 전학을 온 친구가 있었다. 그 친구는 서울에서 내려왔으며 나와는 다르게 서울 말투를 아주 나긋나긋하게 썼다. 난 서울이란 곳에 대한 동경이 살짝 있었는데, 그 친구가 서울에서 왔다고 하니 조금은 반갑기도 하고 친해지고 싶었다. 그래서 그 친구에게 용기 내서 먼저 말을 걸었고 덕분에 우리는 짧은 시간 내에 나름 친해졌다. 그 친구는 덩치가 큰 편은 아니었지만 굉장히 당돌했으며 나긋나긋한 말투지만 나와는 다르게 은근히 성격이 있고 나름 정의로운 친구였다. 그래서 그 친구는 주변에 많은 친구들이 따랐고, 여자들에게도 인기가 많은 것 같아 보였다. 우리 학교를 포함해 다른 지방에 사는 여학생들은 살짝 공감을 할 수도 있다. 어릴 때 서울 말투를 쓰는 남자를 싫어하지 않았을 것이란 걸 말이다. 한동안 그 친구와 많이 어울려 친해져서 그런지 나의 성격은 아주 조금씩 그 친구의 좋은 점을 흡수하듯 나의 성격이 바뀌기 시작한 계기가 됐다. 가끔 그 친구와 나는 같이 오락실에 가서 철권을 하기도 했고 예전에 쓸데없이 폼 잡으면서 쓰던 기술들도 서울 친구에게 모두 알려주곤 했다. 그렇게 서울 친구의 기억 속에 난 철권을 잘하는 애로 기억됐지만, 지금 생각해 보면 그 정도로 잘하진 않았던 것 같다. 우물 안의 개구리처럼 그저 남들만큼 하는 정도의 수준이랄까. 그런 나날이 지나고 지나 찬 바람이 쌩쌩 부는 날씨를 보니 가을이 됐나 보다. 학교에선 내일 소풍을 간다고 했다. 소풍의 장소는 바로 경주에 있는 경주월드였다. 놀이공원이라니 나에겐 너무나 낯설고, 신비로운 다른 세상 같은 단어였다. 그때까지 난 딱히 어딜 여행하러 가거나 타지에 간 적이 없었기에 들뜬 마음을 안고 집으로 돌아와서 바리바리 가방에 짐을 쌌다. 가방 안에는 딱히 별다른 게 있는 것은 아니었고 그저 과자에 도시락, 음료수 같은 것들이었다. 짐을 다 싸고 얼른 내일이 오길 바라며 오늘은 일찍 자려고 마음을 먹고 눈을 붙이려고 했다. 그러나 일찍 잠이 오지 않더라. 놀이기구를 처음 탈 생각에 설레서 그랬던 걸까, 매일 늦게 잤던 것 때문에 그런 걸까? 하여튼 이유가 무엇이 됐든 간에 오랜 시간이 지나도 잠이 오지 않았고 3시간 정도를 뒤척이다가 겨우 잠에 빠져들게 됐다. 일찍 잠에 들려고 한 노력에 비해 몇 시간 자지도 못하고 일어난 것 때문인지, 아침에 일어나서는 피곤한 몸을 일으켜 배낭을 메고 학교로 가서 소풍 가는 버스에 올라탔다. 버스가 출발하고 얼마 지나지 않아서 과자를 하나 뜯어 먹고는 그제야 잠이 몰려오듯 금방 곯아떨어지곤 했다. 잠에서 깨어 희미하게 눈을 떴을 땐 거의 다 도착했을 무렵이라 멀리서 보이는 놀이기구들이 내 이목을 집중시켰다. 버스에서 내리자 다른 지역에서 소풍 온 버스들도 많이 있었고, 처음 보는 교복들도 많았다. 하지만 나에게 그건 중요한 게 아니었다. 지금 난 놀이기구 타는 게 더욱 중요했다. 그래서 나의 시선은 곧장 멀리 보이는 놀이기구를 향했다. 입장권을 끊기 위해 줄을 서고 얼른 들어가고 싶은 애타는 마음을 붙잡고 기다린 결과, 드디어 입장권을 끊고 입장을 하니 웬 큰 놀이기구들이 눈에 많이 띄었고 주변에선 이쪽저쪽에서 무섭다며 소리를 지르는 사람도 많았다. 나도 조금은 무섭기도 했지만 빨리 타보고 싶었다. 그러나 사람은 많았고 놀이기구

하나를 타려면 최소한 30분 이상은 줄을 서 있어야 탈 수 있었다. 내가 제일 처음 타보기로 한 놀이기구는 '메가드롭'이었다. 메가드롭은 좌석에 사람을 태워 천천히 높게 올라간 놀이기구가 순식간에 내려와 사람의 정신을 쏙 빼놓는 놀이기구이다. 그렇게 줄을 서서 긴 줄을 기다리고, 서서히 내가 자리에 앉을 때가 다가오자 심장이 콩닥콩닥했다. 드디어 내 차례가 되어 자리에 앉아 있으니 직원이 내 좌석으로 다가와 안전검사를 해주셨다. 열심히 안전검사를 해주셨지만, 혹시나 내가 탈 때 문제가 생길까 봐 노심초사하며 불안해하고 있다 보니 놀이기구가 어느새 작동되고 서서히 올라가고 있었다. 난생처음 높은 곳에 올라가려니 발이 저절로 의자에 딱 붙이게 당겨졌다. 그리고 정상에 도착하여 잠시 멈추었고, 멈춘 3초 정도는 극도의 긴장과 밀고 당기기를 하는 듯 나를 더욱더 떨리게 했다. 그러다 갑자기 훅 하고 떨어지는 게 아닌가, 순간 너무 빠르고 몸에 힘이 쫙 빠지면서 내 영혼도 같이 빠져나간 듯이 다 내려왔을 땐 나의 얼굴에 표정이란 없었고, 하하하 웃기만 했다. 메가드롭이 끝나고 헤실거리며 자리에서 일어났다. 그리곤 바로 다음 놀이기구에 줄을 섰다. 다음에 탈 놀이기구는 '바이킹'이었다. 줄을 서면서 먼저 바이킹을 탄 사람들을 보니 올라갈 때 전부 양손을 하늘을 향해 올리고 내려오는 것이 아닌가, '원래 저렇게 타야 하는 거구나'라고 파악을 완벽하게 한 후 똑같이 따라 할 자신이 생겼을 때쯤 내가 탈 차례가 왔다. 바이킹에 올라탄 난 왠지 메가드롭을 먼저 타서 그런지, 마치 학교를 먼저 경험한 선배처럼 바이킹도 익숙하게 잘 탈 수 있을 것이라고 생각했다. 이제 바이킹이 움직이기 시작했고 조금씩, 조금씩 천천히 높게 올라간다. 그리고 사람들이 제일 높이 올라갔을 때 양손을 올린다. 그래서 나도 같이 양손을 하늘로 올리면서 소리를 질렀다. 제일 높은 곳에서 내려올 때 나의 몸은 중력을 거부하는 듯 아랫배에 싸한 느낌이 들었다. 그렇지만 그 느낌이 싫진 않았다. 그렇게 몇 번 왔다 갔다 했더니 생각보다 빨리 놀이기구가 멈출 시간이 됐다. 빨리 끝나긴 했으나 바이킹도 나름 재밌는 놀이기구였고 덕분에 놀이기구에 대한 자신감이 한참 올라갔다. 다음에 탈 놀이기구가 내 자신감을 무너뜨릴 것이라는 사실도 모른 채로 말이다. 바이킹을 타고 나니 점심시간이 됐고 벤치에 앉아서 친구와 점심을 먹기로 했다. 내가 싸 온 도시락은 엄마표 유부초밥이었다. 내가 소풍 간다고 하니 엄마가 아침 일찍 일어나 유부초밥을 손수 만들어서 주신 도시락이었다. 엄마는 어릴 때부터 요리도 하고, 경양식 레스토랑도 운영했었기에 요리실력이 대단했다. 유부초밥뿐만 아니라 다른 요리들도 대체로 다 맛있어서 엄마가 만드는 것 중에 처음 음식을 접하는 것에 대한 거부감이 없었다. 특히 엄마의 돈가스는 정말 맛있다. 돈가스도 직접 만들고, 소스도 직접 다 만들어서 조합된 돈가스는 맛을 말로 표현할 수 없을 정도이다. 이런 요리실력을 갖고 있는 엄마가 만든 유부초밥은 당연히 엄청 맛이 좋았다. 특히 유부 안에 들어있는 밥을 먹으면 입안에서 달달한 맛이 나면서 밥알이 잘게 씹히는 느낌이 좋았다. 이렇게 맛있는 점심을 먹으며 친구들과 메가드롭, 바이킹에 대한 소감을 이야기하다 보니 도시락은 금세 다 해치워 버렸다. 그리고 다음 정복할 놀이기구는 바로 '토네이도'란 이름을 가진 거대한 놀이기구였다. 여전히 줄을 30분 이상 서 있어야 하지만, 그래도 타려면 애타는 마음을 부여잡고 줄을 서야 한다. 토네이도는 바이킹보다 좀 더 무서운 놀이기구인데, 바이킹보다 더 높게 올라가면서 뱅글뱅글 돌기 때문에 멀리서 보기만 해도 훨씬 난도가 높은 놀이기구였다. 솔직히 여느 놀이기구보다 이 놀이기구가 제일 무서울 것 같았다. 그걸 아는지 다한증이 있는 손, 발에서 땀이 비가 오듯 엄청나게 흘러내렸다. 떨리는 마음을 움켜잡고는 결국 토네이도 좌석에 앉게 되었다. 그리곤 조금씩 빙글빙글 돌더니 점점 높게 올라가는데 뭔가 이상함을 느꼈다. 올라가도, 올라가도 계속 올라갔고 마치 하늘 꼭대기에 있는 듯 땅에 있는 사람들은 엄청 작아 보였고, 반대편 사람들의 얼굴은 마치 울상이었다. 나도 저런 얼굴이었겠지? 나는 너무 무서웠다. 제일 꼭대기에서 내려올 때 바이킹을 탈 때처럼 아랫배의 싸함과 메가드롭의 높은 곳에 있을 때의 긴장감을 계속 맛보았다. 끝날 듯 끝나지 않고 토네이도가 계속

왔다 갔다, 빙글빙글하는 것에 조금은 속이 울렁거렸고 힘들었다. 속으로 '제발 빨리 끝났으면…'이라고 주문도 외웠다. 힘들어서 그런지 눈은 저절로 감겼고 어둠 속에 몸을 맡긴 채 속으로 주문을 한참 동안 외웠음에도 불구하고 끝나지 않고 오랜 시간 계속 반복되던 토네이도도 끝을 맞이하듯 점점 높이가 낮아졌다. 그제야 놀이기구가 끝나는 것에 대한 안도의 한숨과 함께 토할 것 같은 기분이 들었다. 그리고 바닥에 발이 닿자 이런 생각을 했다. '바닥에 발이 닿는 것이 이렇게 좋은 것일 줄이야'라고 말이다. 그리고 두 번 다시 토네이도를 타진 않을 거라고 다짐을 하기도 했다. 그 후 난 몇 가지의 놀이기구를 더 탔다. 유치한 것들 말이다. 예를 들면 범퍼카?

놀이기구를 다 타고 돌아갈 시간이 되자 몸에 기운이 없었다. 버스에 올라타고 다시 돌아가는 버스 안에는 녹초가 되어 널브러져 자는 친구가 대다수였다. 나도 다른 친구들처럼 버스에 앉아서 얼마 지나지 않아 곯아떨어지면서 빨리 집에 가서 편하게 자고 싶다고 생각했다. 집으로 돌아온 나는 집이 이렇게 편하고 좋은지 그제야 알게 되었다. 집 떠나면 개고생이라는 말이 이럴 때 쓰는 말은 아니지만, 많이 공감이 되는 소풍이었다.

나의 첫 꿈에 한 발
내딛고 난 후 슬픔

　　　　　　　　　　나는 중3 때 첫 꿈이 생겼었다. 나의 꿈은 바로 가수였다. 나의 이 꿈은 중학교 친구들과 코인 노래방에 갔을 때 친구들과의 의리를 다지며 서로 가수가 되자고 입을 모아 꿈을 외쳤던 게 계기가 됐다. 특히 목소리를 쓰는 직업을 갖고 싶다는 생각이 많이 들었었는데, 목소리를 쓰는 직업 중에 가수는 가장 생각하기 쉬운 직업이었다. 사실 우리 엄마는 지역 가수이시고, 재능이 많이 있으셨으며 무용, 노래 공연 등의 지역 행사에 자주 가셨었다. 엄마가 가끔 내가 어릴 때 나에게 노래를 한 곡 부르면 용돈으로 만 원을 준다고 그랬던 적이 많았지만, 숫기가 없었던 나는 모두 거절했었다. 그러다가 갑자기 뜬금없이 엄마한테 얘기했다. "엄마, 나 가수가 될래"라고 말이다. 그 소리를 듣고 엄마가 적잖이 놀랐지만 내가 꿈을 가졌다는 게 좋으셨는지 일단은 응원을 해주셨다. 우리 아빠는 노래에 대한 소질이 없으셔서 부를 수 있는 노래도 한 곡뿐이라며 엄마가 가끔 웃으면서 이야기를 해주셨다. 누나들은 엄마의 재능을 이어받았는지 노래를 잘했으며, 특히 큰누나는 대회에 나가서 상을 타온 경험도 있을 정도로 노래를 잘했다. 그래서 혹시나 '나도 재능이 있지 않을까' 하는 기대를 품은 채 연습을 시작했다. 처음에는 어떻게 시작해야 할지 몰라서 일단 여러 가수를 따라 해보기도 하고, 양동이를 뒤집어쓰고 노래를 하면 자기 목소리를 잘 들을 수 있다는 이야기를 듣고서 할아버지 집의 창고 같은 방에서 양동이 쓰고 노래도 해봤다. 그리곤 결론이 났다. 난 노래를 못한다. 재능이 없었고 더불어 목소리가 좋은 것도 아니었다. 그 순간 아빠가 나의 뇌리를 스치면서 '아빠의 재능을 받은 건가?'라는 느낌을 받았다. 근데 아빠 목소리는 중저음으로 좋은데 난 그마저도 없었다. 이건 마치 게임이나 드라마가 시작할 때 제일 낮은 수준의 능력치를 갖고 시작하는, 재능 하나 없는 캐릭터 같은 느낌이었다. 하여튼 그래도 포기하지 않았다. 인터넷에 노래를 가르치는 강사들의 영상을 보며 따라 했고 열정이 넘쳤다. 두성, 가성, 진성, 육성, 흉성, 복식호흡 뭐 별의별 용어가 다 있었다. 그리고 생각하면서 막 불렀다. 조금은 이해가 되는듯하였으나 소리로는 이상한 소리가 막 났다. 오죽 시끄러웠으면 할아버지가 나중에 시끄럽다고 잔소리를 하셨다. 그러나 난 개의치 않고 노래를 막 불렀다. 나도 노래를 잘하고 싶었다. 친구들이랑 노래방을 갔을 때 잘한다고 칭찬도 받고 싶고 그랬다. 그 당시에 우리 가게는 레스토랑을 빚 때문에 넘기고, 외지 같은 곳에 라이브카페 주점을 하고 있었다. 그래서 가게에 노래방 기계가 있었고 생각보다 노래를 맘껏 부를 기회가 많았다. 그러나 역시 재능이 없었고 실력이 늘지 않아 결국 엄마에게 도움을 청했다. 노래를 배우고 싶다고 말이다. 그러자 엄마가 노래하는 방법을 가르쳐 주셨다. "배에서 끌어 올려서 머리로 소리를 내라"라는 것과 "소리를 지르다 보면 목이 트인다"라는 말에 그 말 그대로 이해를 하여 정말 노래를 죽어라 지르면서 불렀다. 그랬더니 목이 상했는지 눈물이 찔끔 날 정도로 엄청 아팠다. 그리고 그땐 중3이라 변성기가 슬슬 오고 있는 시기에 그렇게 막 질렀으니 목이 악화되면 악화됐지 더 좋아질 리는 없었다. 그 고난을 겪고 난 후 깨달은 게 있다면, 혼자만의 노력으론 한계가 있을 것 같다는 결론이었다. 그래서 노래를 가르치는 학원에 다니고 싶었다. 그러고 다닌 학원이 피아노 학원이었다. 그렇다. 내가 살던 고향에선 노래를 가르치는 학원 같은 건 없었다. 그래서 너무나 아쉬웠고 노래를 잘하고 싶은데 왜 피아노 학원을 다녀야 하는지 이해를 할 수 없었지만, 그냥 다녔다. 한 6개월 정도 다녔을까? 점점 흥미를 잃더니 그만뒀다. 이유는 재미가 없고, 원했던 게 아니었기에 그랬던 것 같다. 그리고선 결국 다시 '독학으로 공부해 보자' 하고 마음을 먹고 연습을 했지만, 나의 마음과는 다르게 부진한 능력에 실력은 여전히 잘 늘지 않았다. '나도 노래를 잘했으면 얼마나 좋을까'라고 매일 밤낮을 생각하고 연구하며, 연습 끝에 스르륵 잠드는 나날들이 많았다. 그런 시간들이 흘러 가을이 될 즈음에 좋지 않은 소식이 들렸다. 할머니가 돌아가신 것이다. 할머니는 입원을 했다가, 퇴원을 했다가를 반복하시다가 결국엔 돌아가셨다. 솔직히 난 아직 실감이 나질 않았다. 내가 사랑하는 사람이 내 옆을 떠난다는 것을 말이다. 그래서 그랬을까, 감정을 표현하는 법을 잊어서 그랬을까? 할머니의 장례식에서 눈물이 나지 않았다. 장례식에서 나의 역할은 부조금을 받아 함에 넣는 역할을 했는데 많은 사람들이 찾아오셔서 장례식을 맞이해 주셨다. 장례식을 하면 씻지 않고 3일을 있어야 한다. 그 슬픈 분위기에 3일 동안 힘없는 가족들과 친척들을 보니 내 마음도 무거웠고, 편치 않았다. 3일째가 되던 날 할머니의 유골을 화장했다. 화장을 할 때 엄마가 "아이고, 아이고"라고 외치면서 우셨는데, 그 소리가 그렇게 슬픈 곡소리일 줄은 몰랐다. 듣는 내가 가슴이 미어지면서 그제야 장례식장에서 반응하지 않던 마음이 울컥했다. 그렇게 우리는 할머니를 산속의 나무 밑에 심었고, 작은 아지야의 유골도 거기 옆 나무에 묻었다. 집에 돌아오고 나서 할아버지는 한 60년을 피워오던 담배를 바로 끊으셨다. 정말 독하신 분이라고 주변에서 많이 말씀하셨다. 할아버지도 얼마나 맘이 안 좋았을까, 거의 반평생을 같이 살았던 할머니였으니깐 말이다. 그 후 날이 어두워져 밤이 되었을 때, 그제야 난 할머니가 돌아가신 게 실감이 났다. 내 옆에서 누워 계시던 할머니가 이제는 집에 돌아오는 길에 사 오는 붕어빵을 나눠 먹고, 슬러시를 나눠 먹고, 웃고, 내 얘기를 들어주며 옆을 지켜주던 것을 함께할 수 없다는 것을 말이다. 그리고 나는 할아버지 옆에서 자면서 이불을 뒤집어쓰고, 닭똥 같은 눈물을 조용히 훌쩍거리며 울었다. 할아버지는 항상 내 옆에 있어 줄 거라고 너무 많이 생각을 했었는지, 울다가 나도 모르게 잠을 잤는데 꿈을 꿨다. 할아버지와 내가 어디 바위가 높은 곳에서 무엇을 하고 있었는데 뱀이 갑자기 나와서 할아버지의 목을 물더니 할아버지가 쓰러지셨다. 그걸 보고 꿈속에서 난 하염없이 눈물을 흘렸고, 그러다 잠에서 깨어 보니 꿈이었다. 할아버지가 옆에서 멀쩡히 주무시고 계신 걸 보니 꿈이라는 걸 깨닫고 마음이 조금이나마 안심이 됐고 할아버지를 꼬옥 안았다. 그렇게 사랑하는 사람이 옆에서 없어지는 일은 없었으면 좋겠다고 매일같이 생각했다.

 다음 날 하교하는 중에 이제는 붕어빵 가격이 올라 천 원에 5개가 아니라 천 원에 4개가 됐다. 그날도 붕어빵을 사 들고 할아버지와 2개씩 나눠 먹었다. 그날따라 집이 더욱 고요한 느낌이었다. 나름 옛날에 시끌벅적했던 할아버지의 집에 2명이라는 사람이 하늘에 빛이 됨으로써 한적하게 변한 것이 이렇게 할아버지를 고요하고 외롭게 만들 줄은 몰랐다. 그렇게 할아버지는 조용한 집에서 담배도 끊으시고, 매일 따뜻한 햇볕을 받는 마루 앞에서 줄곧 바깥만을 바라보고 계셨다. 할아버지 홀로 남겨진 집에서 말이다. 하지만 내가 할아버지가 외롭지 않게 곁에서 평생을 지켜주리라 다짐을 하는 계기가 되기도 했다. 이런 나날이 있었음에도 시간은 아주 정직하게 흘러 고등학생이 됐다. 벌써 17살이나 된 것이다. 시간은 야속하게도 할머니가 돌아가시고도 멀쩡하게 째깍째깍 흘러갔다. 나는 공부를 잘하는 편은 아니었고, 반에서 중간 정도 하는 수준이었다. 그래서 가까운 고등학교에 다니진 못했다. 내가 다닌 고등학교는 버스를 타고 15분 정도 가야 하는 거리의 학교였다. 같은 지역이었지만 마치 타지에 있는 고등학교에 다닌 기분이었다. 그래도 역시 학교 다니는 건 재미가 없었다. 고등학교 때의 유일한 낙이 있다면 하교하면서 버스를 탈 때까지 남은 시간에 분식집에서 순대와 떡볶이를 컵에 담아서 파는 것을 친구들과 사 먹는 게 낙이었다. 친구들은 착한 친구들도 많았고, 중학교 때의 친구들도 많았다. 신기한 일도 있었다. 내가 초등학교 때 친하게 지내던 친구 중에 기억에 있던 한 명이 전학을 갔었는데, 그 친구와는 그때 연락이 끊겨서 근황을 알 수 없었다. 근데 웬일인가? 그 친구가 커서 나와 같은 고등학교, 같은 반에 앉아 있는 것이 아닌가? 너무 신기했다. 그리곤 금방 그 친구와 친해졌고 지금까지의 근황을 듣고, 초등학생 때의 추억도 이야기하며 같이 웃으며 많은 이야기를 나눴다. 알고 보니 가까운 곳에 살고 있었지만 초등학생인 우리에게는 버스를 타고 15분이라는 거리라도 정말 멀게 느껴지는 거리인 만큼 멀리 떠난 줄 알았던 것이었다. 이때 '세상은 참 좁구나'라고 느끼기도 하는 우물 안 개구리 같은 소리를 하기도 했다. 그런 조용한 나날들이 지나 몇 달 후 또 안 좋은 일이 일어났다. 우리가 중3 때 서로의 꿈을 외치며 가수가 되자는 꿈을 다졌던 친구들 중에 한 친구는 나름 우리 중에서 재능이 많았다. 그 친구는 부산의 예술 고등학교에 들어가서 우리와 떨어지게 됐었다. 그런데 고등학교에 입학하고 나서 주말에 우리를 보러 온다고 한 것이었다. 그 친구와 다른 친구들은 수영을 하러 가자고 제안을 했었고 몇몇 친구들이 그러자고 동의를 했었다. 그러나 난 그 당시에 사정이 생겨서 못 갔었다. 근데 수영을 가기로 한 날의 전날에 뭔가 이상한 일이 자꾸 나에게 일어났다. 우리 할아버지 집의 샤워실은 미닫이문으로 열고 들어가는 것이었는데 내가 그 문에 손을 찧은 것이다. 그리고 발가락도 문지방에 찧었다. 그랬지만 뭐 가끔 있는 일이라고 생각하고 크게 대수롭지 않게 느꼈다. 그런 이상한 주말이 지나고 월요일에 학교에 등교를 했는데 친구 중 한 명이 책상에 계속 엎드려 있는 것이다. 난 이유를 몰랐었지만 갑자기 다른 한 친구가 와서 나에게 사정을 얘기했다. 부산의 예술 고등학교에 갔던 그 친구가 물에 빠져 하늘나라로 간 것이었다. 그래서 난 학교에서 엎드리고 있는 그 친구에게 장난치지 말라며 얘기를 했지만 친구의 표정은 진지했고, 그런 표정을 보니 정말 사실인 것만 같았다. 하지만 믿고 싶진 않았다. 그 친구와 이제 같이 노래를 부를 수 없다는 게, 같이 꿈을 향해 전진할 수 없다는 게, 이제 서로 만날 수 없다는 것이 말이다. 사실 나보단 같이 수영을 하러 갔던 친구들이 더 충격을 받았을 듯했다. 눈앞에서 그 장면을 목격했으니 말이다. 친구의 말에 의하면 바다에서 수영을 하고 있었는데 파도가 잠잠하더니 갑자기 물살이 세져서 계속 수영을 하는데도 바다로 빨려 들어갔다고 한다. 3명 중 2명의 친구가 물살이 세져서 점점 빨려 들어가는데 나머지 한 친구가 가까이 있던 친구를 구해냈고, 다시 들어가 가장 멀리 있던 친구를 구하려 했으나 손 한 뼘 거리에서 다른 친구의 손이 닿지 않아 그대로 멀어졌다고 한다. 그래서 먼저 구해졌던 친구가 멀어지고 있는 친구를 다시 구하려고 들어가려 했지만, 다른 사람이 팔을 잡고 보내주질 않아서 점점 멀어져 가는 친구를 멀리서 바라볼 수밖에 없었다며 소리를 지르고 울었다고 한다. 그 이야기를 들으니 같이 있었던 친구들이 얼마나 마음이 아팠을지 상상할 수가 있었다. 그리고 며칠 뒤에 그 친구의 시신을 발견하여 장례식을 치렀으나 그 친구는 20살이 되지 않았기에 삼일장을 하지 않는다고 했다. 그날엔 하늘도 슬펐는지 비가 많이 오는 날이었고 나는 늦게나마 장례식장에 갔지만 이미 그 친구는 없었다. 삼일장을 하지 않는지 몰랐던 것이었다. 우리는 그날 내리는 비와 같이 우울한 마음을 다지며, 그 친구의 몫을 이어서 우리가 반드시 가수가 되어 대신 꿈을 이뤄주자고 다짐을 했었다. 그 이후 한 친구는 먼저 멀리 떠나보낸 그 친구의 영상을 핸드폰에 담아두고 있었다. 중학생 때 노래방에서 같이 노래를 하던 영상이었다. 하지만 먼저 멀리 떠난 친구가 부른 노래의 제목을 몰라서 제목을 찾기 위해 그 가수의 노래를 전부 들어보고선 제목을 찾아 한창 유행하던 미니홈페이지에 영상을 남기면서 끝까지 그 친구를 기억하기로 했다. 그리고 멀리 보낸 친구의 홈페이지에 가서 가끔 한 번씩 들러, 들리지 않고 보지 않을 안부를 남기면서 그리워했었다. 그 친구가 노래방에서 불렀던 노래는 M.C THE MAX의 'For You'라는 노래였다.

안 돼요

고등학교 1학년 때의 시간은 그렇게 조금씩 마무리가 됐다. 그리고 내가 고등학교 2학년 때 일어나지 말아야 할 안 좋은 일이 또 일어났다. 할아버지가 아프셔서 병원에 자주 가시는 일이었다. 할아버지는 가끔 걷다가 쓰러지고 하셔서 병원에 입원했다가 다시 퇴원하는 일을 몇 번 반복하셨었다. 그걸 내 두 눈으로 직접 보고, 들으니 왠지 할머니 때가 생각이 났다. 할아버지도 할머니처럼 내 곁에서 멀어질까 봐 많이 두려웠기 때문인 것 같았다. 할아버지가 퇴원하시고 집에 돌아오셔서 지내다 보면 아주 가끔 치매기가 있으셨다. 할아버지의 기억 속에 나의 이름과 추억이 가득했는지 내가 컴퓨터를 하고 있으면 내 이름을 부르시곤 하셨다. 내 이름을 부르면 나는 뒤돌아 보고 "할아버지, 왜?"라고 질문을 하면 할아버지는 이렇게 대답하셨다. "네가 영운이냐?"라고 말이다. 그 당시에 난 사춘기가 가시지 않을 무렵이라 그런 말을 듣고 할아버지한테 왜 그러냐고 짜증을 냈다. 그때 할아버지는 치매기가 와서 내 얼굴을 기억 못 한 것이고 그래서 이름만 계속 부른 것이었다. 난 그때 할아버지가 치매기가 있었다곤 생각하지 못했다. 왜냐하면, 금세 할아버지가 다시 멀쩡하게 돌아오시곤 했기 때문이다. 가끔 할아버지가 훌쩍이시며 우시는 것도 컴퓨터를 하면서 들은 적이 몇 번 있었다. 당시에는 할아버지가 우시는 이유를 알지 못했지만, 지금에서야 나의 짐작에 의하면 할아버지는 오래 살지 못할 거라는 것을 이미 예상을 했고 나와의 시간이 얼마 남지 않았다는 것을 알고 계셨지 않았을까, 그래서 눈물이 나셨던 게 아닐까 하는 생각을 한다. 할아버지는 그 후로 내가 먹고 싶다고 사달라고 하지도 않았는데 나에게 "탕수육 사줄까?"라고 자주 권해주시기도 하셨고, 나는 당연히 좋았기에 바보같이 알았다고 하고 크고 양 많은 탕수육을 혼자 끝까지 다 먹었다. 그러면서 할아버지가 자주 하신 말씀이 있다. "할아버지가 죽으면 옷걸이에 걸려 있는 할아버지 바지 주머니에 돈이 있으니까 그걸로 탕수육을 사 먹어"란 말을 자주 하셨다. 그때도 들으면 마음이 아픈 얘기였지만 지금 생각하면 눈물이 바로 날 것 같은 말이다. 그런 말을 듣고 탕수육이 제대로 목에 넘어갈 리가 없었다. 뭔가 목에 탁 걸린듯한 울적함을 티 내지 않으려고 탕수육을 꾸역꾸역 입에 넣어가며 먹었다. 왠지 그렇게 참지 않으면 먹다가 울 것 같았기에. 할아버지가 그런 말을 하시고 또다시 평범하게 시간이 흘러갔고 할아버지는 내가 고등학교 2학년 때 결국 돌아가셨다. 할머니가 돌아가셨을 때와 같이 나는 장례식장에서 부조금 받는 역할을 했다. 웃긴 건 그때도 눈물이 나지 않았다. 왜 울지 않았을까? 작은누나가 이런 말을 나한테 했다. "야, 니는 할아버지가 돌아가셨는데 왜 눈물을 안 흘리노"라면서 말이다. 사실 나도 눈물을 흘리고 싶은데 눈물이 안 나는 것이었다. 눈물샘이 고장이 난 건지, 아니면 감정이 메마른 사람처럼 말이다. 그런 슬픈 분위기에서 또 많은 사람들이 장례식장에 추모를 해주러 오셨고, 3일 차가 되자 할아버지의 유골을 화장시켰다. 할머니 때와 같이 엄마가 "아이고, 아이고"라고 외치며 우시자 감정이 북받쳐서 거기에 있던 아빠 빼고 거의 다 울었다. 아빠는 조용히 말없이 담배를 계속 피우셨다. 할아버지의 유골은 할머니와 작은 아지야가 묻혀 있는 나무의 옆에다가 묻었다. 그리고 난 이제 할아버지 집에서 살 수 없었기에 부모님 집으로 가서 지내기로 했고, 할아버지 집에는 사촌 누나 혼자서 사는 집(사촌 형은 졸업하고 서울에 있었다)이 됐다. 그렇게 내 생애 가장 행복했던 사람과 행복했던 삶이었던 그때가 추억의 한편으로 자리를 잡았다. 간혹 노래방에서 조성모의 '아시나요' 노래를 들으면 할아버지 생각이 난다. 그 노래의 가사가 마치 나의 이야기 같은 느낌이었다. 내가 가게에 가서 노래를 부르다가 문득 나도 모르게 그 노래를 부르고 싶어져 선곡을 하게 되면 부르다가 감정이 너무 북받쳐서 노래를 멈추고 눈물을 펑펑 흘리곤 했다. 그제야 난 드디어 노래에 감정을 넣는다는 게 어떤 의미인지 알게 됐고, 노래에 감정을 넣을 수 있다는 것이 이렇게 슬픈 일이었다는 것을 처음 알게 되는 날이었다.

나의 첫 의미

나는 치아가 고른 편은 아니었다. 내 치아의 아랫니들은 나름 가지런하게 되어 있었지만, 윗니의 앞니 2개는 고르지 못했다. 앞니 2개만 아랫니 뒤로 쏙 들어가 있는 반대교합이었다. 그래서 치아교정을 너무나 하고 싶었다. 그렇지만 우리 집은 삶이 넉넉한 편은 아니었기에 내가 교정을 하고 싶어 하는 걸 부모님은 알고 계셨지만 큰돈이 들어가기에 해줄 수가 없었다. 그래서 난 고등학교 3학년 때 생전 처음으로 친구가 같이 아르바이트를 하자는 제안에 아르바이트를 해보기로 마음을 먹었다. 내가 살던 시골에는 프랜차이즈 햄버거 가게가 있었고, 난 거기서 5월에 일을 시작하기로 했다. 매장에는 키가 작고, 하고 싶은 말은 꼭 하는 아주 당돌한 매니저 누나도 있었다. 난 당시에 생각보다 다른 사람들에게 하고 싶은 말을 잘

하는 편은 아니었기에 그런 매니저 누나를 보면서 '나도 저렇게 하고 싶은 말을 꼭 할 수 있게끔 바뀌어야겠다'고 생각을 많이 하기도 했다. 나의 아르바이트 시급은 4,100원 정도였고, 아르바이트를 시작할 때 가장 처음 한 일은 감자튀김을 튀겨서 나가는 일이었다. 근데 그 가게가 유일하게 큰 햄버거 가게라서 사람이 무진장 많이 왔다. 감자튀김을 튀기고, 튀기고, 또 튀겨도 줄이 끊이지가 않았고, 그 사람들을 다 보내고 나면 밥을 먹을 시간이 되거나 퇴근할 시간이 됐다. 평일에는 학교 끝나고 4~5시간 정도 일을 했고, 주말에는 8시간 정도 일을 했다. 가끔 난 하교를 하고 출근 시간이 조금 남았을 때 아무도 없는 할아버지 집에 혼자서 전기장판을 켜놓고 이불을 덮고 잠을 잠깐 자기도 했다. 여전히 그리운 곳이었기에 아무도 없었음에도 날 반겨주듯이 아주 편안했고 마음의 안식이 왔다. 그러다 가끔 옛 추억을 생각하다가 할아버지와 할머니가 그리워 미친 듯이 눈물을 펑펑 쏟기도 했다. 출근하기 전까지 계속 말이다. 장례식 때는 나오지 않았던 눈물이 그제야 실감을 한 듯 한참 동안 나왔다. 그때부터 난 눈물이 조금씩 생기기 시작했다(내가 고3이 됐을 때 작은 아지야의 딸인 사촌 누나는 고등학교를 졸업해서 서울로 갔기에 이제 할아버지 집에는 아무도 남지 않아 공허함만 남은 집이었다).

할아버지 집에서 가끔 울고 출근을 하면 일을 하다가 너무 배가 고파서 밥시간을 고되게 기다리기도 했다. 밥시간이 됐을 때는 가게의 메뉴 중에 책정된 가격만큼을 먹을 수 있었는데 하루 하루 매일 일을 하다 보니 거기에 있는 메뉴를 전부 먹어볼 수 있었다. 월급은 한 달에 70만 원 정도 나왔다. 일을 많이 할 때는 100만 원도 받았던 것 같다. 그 돈이면 정말 먹고 싶은 것, 사고 싶은 것을 충분히 사고도 남을 돈이었다. 월급을 받으면 월급의 반 정도는 저축을 하고, 반은 내가 쓰고 싶은 것에 쓰기로 마음을 먹었다. 그래서 월급을 조금씩 차츰차츰 모으기 시작했다. 돈을 열심히 모았을까? 9개월 정도가 지난 내 통장에 돈이 거의 400만 원 정도가 있었다. 이 정도의 돈을 갖고 있는 나는 왠지 두려울 게 없는 무적 같은 느낌이었다. 그리고 어느새 고등학교를 졸업할 때가 다가오고 있었고, 나는 방송 관련 대학에 가면 새롭고 재밌을 것 같아 지원서를 써서 합격을 했다. 근데 난 대학의 등록금이 그렇게 비싼 줄 몰랐다. 사립대학이었기에 등록금이 입학금 포함 500만 원이 넘었다. 그래서 아빠랑 엄마에게 부탁을 했다. 입학금에 내가 번 돈으로 50만 원 정도 넣었고 나머지 돈을 부모님께서 내주셨다. 돈이 넉넉하지 않은 우리 집에 불효를 한 것만 같은 느낌이 들었다. 우리 누나들은 고등학교 때와 대학 때 장학금을 받고 다녔으며, 아르바이트도 틈틈이 해서 누나들이 등록금을 내면서 다녔다. 그러나 난 그렇지 않아서 더욱 그런 맘이 들었던 것 같다. 그래도 나에겐 왠지 모를 자신감이 있었다. 이유는 몰랐지만 그냥 난 나중에 커서 돈을 많이 벌고 부모님에게 돈 걱정을 안 시키게 할 것만 같았다. 그래서 부모님께 가끔 이런 말을 하곤 했다. "난 잘 먹고, 잘 살 거니깐 내 걱정 안 해도 된다"라고 말이다. 그렇게 피 같은 돈으로 등록금을 납부하고, 이제 고향을 벗어나 혼자 살 생각에 굉장히 기분이 들떠 있었다. 고향만 떠나면 자유롭고 잘 살 수 있을 것만 같은 느낌이 들기도 했다. 사람 많은 곳에서, 문화생활을 즐기며, 좋은 친구들도 사귀고, 무엇이든지 다 잘 풀리리라 믿었기에 그랬던 것 같다. 그렇게 하루빨리 시골에서 발을 떼기만을 바라며 하루하루 떠날 준비를 하고 있는 행복에 겨운 나였다.

고향과 아주 차근차근

드디어 난 고대하던 대학생이 됐다. 대학의 기숙사에 들어와 룸메이트라는 친구도 생겼다. 나의 룸메이트는 나와 동기인 10학번이 아니고 군대를 갔다가 오신 하늘 같은 06학번 선배님이셨다. 10학번이 룸메이트였으면 조금은 눈치를 덜 볼 텐데 선배가 룸메이트가 돼서 조금의 눈치를 봐야 하는 상황이 됐다. 하지만 선배님은 내가 불편해할까 봐 방에도 늦게 들어오시는 날이 많았다. 마치 신경을 써주시는 것처럼 말이다. 그래도 어릴 때 비하면 이 정도는 아주아주 너무나 굉장히 매우 편한 편이기에 더 이상의 불평을 속으로 하진 않았다. 고향을 떠나 처음으로 살아보고 느끼는 자유로움을 만끽한 것인지 너무나 생활이 편안하고, 좋고, 신나 있었다. 기숙사에 돌아다니는 친구들은 모두 잘생기고, 예뻤으며 각기 다른 개성을 갖고 있는 듯하였고 서울에서 온 친구, 부산에서 온 친구, 전라도에서 온 친구 등등 많았다. 그리고 기숙사에 들어온 지 얼마 되지 않아서 오리엔테이션을 한다고 했다. 나도 당연히 참석을 한다고 했고 처음 해보는 오리엔테이션이라 많이 설레기도 하고, 긴장이 되기도 했다. 왜냐하면 전부 다 모르는 사람이었기에, 그리고 새로웠기에. 오리엔테이션은 호텔 같은 곳에서 진행이 됐다. 내가 배정받은 방에 들어가자 다들 서로 처음 보는 사람들로 가득했다. 그러다가 사람들이 다 모일 때가 되니 하늘이 거의 어둑해졌고 우리의 한참 위의 선배였던 05학번 선배님이 오셔서 우리들을 주도하여 자기소개를 시작했다. 그 선배님은 남자셨는데 군대에 갔다가 복학하신 선배님이었다. 그렇게 왼쪽부터 시작하여 오른쪽을 끝으로 순서대로 자기소개를 일어서서 간단하게 하는 시간이 왔다. 한 사람, 한 사람씩 소개를 하고 드디어 내 차례도 다가왔다. 나는 아주 간단하게 나의 소개를 했다. "시골에서 왔고 20살인 이영운입니다"라고 말이다. 그렇게 말했더니 주변에서 거기가 어디에 있는 데냐고 많이 물어봤고 쑥스러웠던 나는 어색한 웃음을 지으며 답변을 해준 뒤 빠르게 자리에 다시 앉았다. 후다닥 내 차례가 지나고 나머지 사람들도 모두 자기소개를 끝내고서 술자리를 가졌다. 양 옆의 사람과 이런저런 얘기를 나눠서 금세 친해지기도 했다. 거기서는 나름 나의 내성적인 성격을 들키지 않고 친해질 수가 있었다. 어느 정도의 시간이 지나 술이 나의 몸을 지배하고 있을 때쯤 문득 아빠가 머리에 스쳐 지나갔다. 아빠는 술을 잘 드시는데 그렇지 못한 나를 보며 말이다. 그래도 처음 보는 친구들에게 너무 많이 마셔서 주사를 보여줄 순 없었다. 내 주사가 무엇인지도 모르지만, 어쨌든 주사로 토를 할 수도 있으니 토하는 모습을 보여줄 수 없어서 최대한 정신통일을 하며 조절하면서 술을 마시곤 했다. 그렇게 밤이 깊었고 잘 시간이 다가오자 거기서 친해진 우리보다 한 학년 더 높은 09학번 선배인 형이 자신의 동아리에 들어오라고 권유했다. 자신이 들어가 있는 동아리는 친목 동아리로 비밀 동아리라 아무나 들어올 수 없다면서 말이다. 사실인지 아닌지는 알 수 없었으나 끌리긴 했다. 그래서 나도 거기에 동의하여 들어가겠다고 말했고, 옆에 있던 친구들도 들어오고 싶다고 말을 했다. 그렇게 우리는 특별 동아리에 들어가 동아리 활동을 시작하기로 마음을 먹었고 나의 대학 생활이 시작되는 종이 울렸다. 오리엔테이션이 끝나고 대학 생활을 하다 보니 살 것도 많고, 나를 꾸며야 하기에 옷도 많이 사야하기도 했고, 맛있는 것도 사 먹어야 하는 등 돈이 나가는 일이 많이 있었다. 그러나 학교를 다니면서 웬만한 돈이 들어가는 문제는 내 힘으로 해결하려고 노력했다. 그러다가 과잠바를 맞춘다는 이야기가 나왔고, 살 사람들은 이름을 적으라고 했다. 그래서 나도 당연히 사야 되는 줄 알고 이름을 적었었다. 그런데 과잠바 가격이 생각보다 비쌌다. 20~30만 원 정도란 이야기에 부모님께 물어볼까 고민을 하다가 안 돼도 크게 상관이 없어 전화하여 물어보았으나 역시 나의 예상대로 안 된다고 말씀해 주셨다. 나의 수중에 과잠바를 살 정도의 여유는 있었으나, 그 돈으로 6개월 동안의 생활비를 계획했기에 있으나 마나 한 과잠바를 살 필요성을 느끼진 못했다. 부모님도 돈 때문에 힘들고, 스트레스를 많이 받으실 텐데 나까지 거들어서 힘들게 할 순 없었다. 그래서 이제 돈에 대한 얘기를 부모님께 꺼내지 않기로 다짐하며, 앞으로의 대학 생활을 하는 것에 문제가 있는 건 아니니 크게 대수롭지 않게 여기기로 했다. 오리엔테이션이 끝나고 선배님이 전에 친목 동아리를 추천하셨기에 오늘 처음으로 그 동아리의 아지트에 가보기로 했다. 그 아지트는 아주 평범했다. 왜냐하면 동아리의 장이 살고 있는 집이었기 때문이다. 그날은 동아리의 모두가 모이기로 했었던 듯 하나같이 사람들이 모였다. 이 동아리는 왠지 학교 안의 또 다른 동아리들 중에서 나름 고수들만을 따로 모아 만든 동아리 같은 느낌이 물씬 났다. 그래서 난 이 동아리가 굉장히 맘에 들었다. 아마도 첫 동아리이기도 하고, 비밀 동아리라서 특별하다고 느꼈던 것 같았다. 그리고 동아리에서 만난 특별한 친구가 있었다. 그 친구는 눈이 동그랗고, 눈썹이 일자인 나와 같은 학번의 여자인 친구였는데 왠지 그 친구를 보면 이상하게 나와 비슷한 느낌을 받았다. 닮은 듯 안 닮은 것 같은 느낌, 내가 어두운 면이 있고 밝지 않은 성격에 내성적인 인간이라면 완전 그 정반대인 것 같은 친구였다. 그 친구의 이름은 연서였다. 연서는 굉장히 밝고, 말도 잘하고, 뭐 하여튼 정말 나와 반대였다. 연서를 보면서 '나도 어릴 때 눈치 보며 살지 않고, 밝은 분위기에, 스트레스받지 않고 살았으면 저런 느낌이었을까?' 하는 상상을 많이 했었다. 연서를 비롯해 동아리 사람들이 전부 모인 후 간단히 첫 소개를 하고, 첫 술자리 파티를 하러 술집에 갔다. 술자리에서 가볍게 술을 마시고 갑자기 술 게임을 하기 시작했다. 난 술 게임을 해본 적이 없어서 일단 설명을 듣고 주변 사람들이 하는 걸 빠르게 스캔하여 눈치로 게임을 이해하면서 했다. 그때 알았다. 내가 어릴 때 눈치를 보던 것이 이렇게 쓸모가 있을 때도 있다는 것을 말이다. 눈치로 게임을 이해하다 보니 내가 게임을 못하는 편은 아닌 것 같다고 스스로 생각하기도 했으나 선배님들이 공평한 것 같은 장난과 함께 일부러 술을 먹이려고 나를 많이 노리기도 했다. 하는 수 없이 몇 잔을 들이켜다 보니 금세 많이 취했고, 나중엔 술을 마시는데 물을 마신 듯 아무런 느낌도 나지 않았다. 그렇게 1차를 끝내고 일어나려고 했는데 위장에 들어 있던 술들이 그제야 나에게 고통을 주듯 토를 할 것처럼 속이 울렁거렸다. 그리고 선배님들이 2차를 가자고 하는 것을 한사코 거절하고 기숙사로 돌아와 토를 엄청 하고 침대에 엎어져 천장이 뱅글뱅글 도는 상태로 겨우 잠을 잤다. 다음 날이 되니 머리가 깨질듯했고, 처음으로 술병이란 걸 겪어보기도 했다. 몸에는 기운이 없었고, 머리는 띵하고 아팠으며, 속은 쓰리고, 움직이기가 싫었다. 그러나 왠지 움직이지 않으면 내가 계속 이러고 있을까 봐 해장을 하기 위해 기숙사의 식당에 갔다. 그리고 난 술 냄새를 풀풀 풍기며 기숙사 밥을 먹었다. 근데 기숙사 밥이 생각보다 너무 맛있었다. 술병 때문에 억지로 먹긴 했지만 언제 다 먹었냐는 듯 깔끔하게 식판을 비우고 다시 내 방으로 돌아가 엎어져 쓰러져선 술에 찌들어 버린 나의 몸과 숙취를 둘러싸고 줄다리기를 하다 보니 룸메이트인 선배님이 돌아오셔서 나를 보고는 술을 많이 먹었냐고 놀리는 듯 얘기하셨다. 나도 웃으면서 술병에 걸렸다고 얘길 했더니 그 나이대에는 한창 그럴 때라며 선배님도 그랬던 적이 있었다는 듯 얘기해 주셨다. 그 얘기를 들으니 뭔가 통과의례 같은 느낌을 많이 받기도 했다. 그러다 문득 어제 같이 술을 마신 동아리 사람들도 나와 같은 고통을 겪고 있는지 궁금해져 메시지를 보내 안부를 물어보니 다들 쓰러져 있다는 사실에 몸이 아프면서도 웃음이 나기도 했다. 다 함께 그러고 있으니 나만 그런 게 아니라는 왠지 모를 동질감이 느껴지기도 했고, 이런 게 대학 생활의 묘미 같은 것이 아닐까 하는 생각을 해보기도 했다. 이런 통과의례 아닌 통과의례를 거치고, 내가 학교에서 강의를 들은 과목은 방송 관련 장비에 대한 강의였다. 처음 보는 기계들과 비싼 카메라 같은 게 눈에 띄었고, 방송용 장비들의 가격이 2,000만 원을 웃돌기도 하여 나의 눈이 휘둥그레지는 경험을 하기도 했다. 새로 접한 강의들은 은근히 나의 적성에 맞듯 고등학교 때 배웠던 과목들보단 훨씬 흥미와 열정이 있었다. 난 그때 한 분야에 전문가가 된다는 것이 정말 멋있는 사람 같다고 느꼈다. 그것의 전문가가 되기 위해서 얼마나 많은 시간을 투자하고, 땀 흘려 노력했는지에 대해 상상조차 할 수 없었으니깐 말이다. 그래서 전문적으로 배울 수 있었던 대학이 나에겐 좋은 기회라고 생각했다. 그리고 대학 생활에서 만난 친구, 선배들도 너무나 좋고 재밌었기에 더할 나위 없었다. 그리고 다른 강의에선 라디오에 대한 강의도 해주고 라디오를 만드는 강의도 있었다. 만드는 건 그렇게 어렵지 않았지만, 뭔가 살짝 실수가 있으면 라디오가 주파수를 잡지 못해서 소리가 안 나기도 했다. 또 다른 강의엔 음향에 대한 강의도 있었고, DSLR 카메라를 가르쳐 주는 것도 있었다. 1학년 때는 거의 이론을 위주로 수업을 하는 방향으로 가는듯했다. 선배들 얘기를 들으면 2학년 때 기계, 프로그램 등을 직접 만져서 익숙해지는 수업을 한다고 했다. 그러나 1학년 때에도 기계, 프로그램을 만질 수 있는 방법이 있었다. 바로 동아리였다. 그렇게 기계, 프로그램 등을 만들어서 과제로 제출하고 연습하는 동아리도 있었지만 왠지 나에게 그곳은 끌리지 않았다. 오로지 내가 있는 친목 동아리만이 최고일 뿐이었다. 그리고 대학에서 최고인 것을 하나 더 꼽으라고 한다면, 주저 없이 학식이었다. 또 다른 묘미인 학식은 굉장히 고퀄리티였는데 기숙사의 밥보다 아주 조금 더 맛있고 종류도 다양했기 때문이다. 일단 한식, 양식, 라면 이렇게 3종류 중 하나를 선택하여 식권을 사서 먹는 방법으로 매일 식단을 보고 가장 맛있어 보이는 메뉴를 먹는 것이 대학 생활의 또 다른 재미였다. 그렇게 매일 친구들과 든든하게 밥을 먹고 나머지 남은 강의를 들은 후 기숙사로 돌아가는 일상들을 맞이했다. 기숙사로 돌아갈 땐 셔틀버스도 있었지만 셔틀버스가 없는 시간대에는 걸어가야 했고, 학교와 기숙사의 거리는 걸어서 한 15분 정도였기에 멀다고 느껴지진 않았다. 그렇게 하루를 마무리하는 어둑어둑해진 시간에 기숙사로 돌아와 무거운 몸을 가누며 침대에 누워 아주 편안하게 휴식을 취하다 스르륵 잠에 드는 날이 많았다.

내가 대학 생활에 적응하고 있을 무렵 얼마 지나지 않아 신기한 일이 있었다. 마치 영화에서나 나올법한 이야기였다. 나의 초등학교 친구 중에는 아까 고등학교 때 재회했던 친구 외에 또 다른 여자인 친구 한 명이 있었다. 그 여자인 친구의 이름은 '경은'이었다. 그 친구와 초등학교 때 엄청 친하게 지냈던 기억이 난다. 그 친구의 집에서 같이 밥도 먹고 할 정도로 말이다. 그렇게 친하게 지냈던 경은이도 초등학교 때 전학을 갔다. 나는 경은이가 어느 지역으로 갔는지, 이름이 무엇이었는지도 솔직히 세월이 지나가면서 잊혀버렸다. 내가 기억하고 있었던 건 단지 초등학교 때 여자인 친구와 엄청 친하게 지냈던 기억이 있었고, 어렴풋한 얼굴의 형상이 머릿속에 있었을 뿐이었다. 그리고 시간이 지나서 그 친구를 다시 만나고 싶었지만 어디에 살고, 이름은 무엇인지 알 수 없었기 때문에 찾을 수가 없었던 것이었다. 그런데 나와 고등학교 친구였던 '은정'이라는 친구가 있었다. 그 친구를 난 '뽀글이'라고 불렀는데 그때 은정이의 머리가 단발에 파마를 해서 뽀글뽀글했기 때문이라는 아주 단순한 이유였다. 하여튼 은정이가 간 대학의 오리엔테이션에서 경은이를 만난 것이었다. 그런데 경은이는 고향에 살았을 때의 기억을 하고 있었다. 나와 친했다는 것과 그 당시의 내 이름을 기억하고 있었다. 그래서 대학에서 은정이가 내가 거기에서 왔다고 하니깐 경은이가 내 이름을 대면서 물어본 것이었다. 그러자 은정이가 "어? 걔 나랑 고등학교 때 같은 반이었는데??"라고 대답하면서 경은이와 나의 인연이 다시 맺어졌다. 그렇게 은정이에게 소식을 듣고 난 너무 놀랐고, 정말 너무 만나고 싶었던 친구였는데 이런 영화 같은 일이 실제로 일어났다는 것에 소름이 돋았다. 그래서 은정이를 통해 서로의 연락처를 주고받고 우리는 날짜를 정해서 만나기로 했다. 그렇게 약속을 잡고서 시간이 흘러 만나기로 한 날짜가 됐고, 경은이는 강릉에 살고 있어서 내가 강릉까지 버스를 타고 갔다. 강릉으로 가서 오랜만에 다시 만난 경은이는 여전히 귀여운 얼굴을 하고 있었으며 살이 포동포동하게 귀엽게 쪄 있었다. 어릴 때 나의 머릿속 경은이의 이미지는 조금 마른 편이었고, 운동을 잘했으며, 귀여운 얼굴이었다. 경은이는 나에게 오랜만이라는 말과 함께 귀여운 웃음을 지었다. 나도 너무 오랜만에 만나서 잘 지냈냐고 물어본 후 식당에 들어가 한편에 자리를 잡았다. 경은이는 자기가 지금 할머니랑 동생과 살고 있다고 얘기했다. 그리고 자기가 이사 오고 나서 한약을 먹고 체질이 바뀌어 살이 쪘다는 얘기를 꺼내 한바탕 웃음을 짓기도 했다. 이후 옛날이야기를 서로 주절주절하며 오랜만에 옛 고향에 대한 추억을 회상했다. 할아버지 집, 초등학교, 문방구 등등 말이다. 경은이는 어릴 때의 옛고향에 대한 세세한 기억을 잊지 않고 있었다. 우리에게 서로 소중한 추억이었나 보다. 그래서 더욱 고마웠다. 밥을 먹고 우리는 카페에 가서 2차 수다를 떨며 오랜만에 만나서 그런지 이런저런 얘기를 많이 했었다. 그러다가 우리도 모르게 시간이 많이 흘러 하늘이 어두워져 난 다시 마지막 차를 타고 돌아갈 시간이 됐다. 너무나 아쉬웠지만 어차피 이제 연락처도 있고, 얼굴도 알고, 어디 사는지도 알기 때문에 다시 볼 수 있을 거란 생각에 조금은 안심이 됐다. 그렇게 경은이와 작별인사를 한 뒤 버스를 타고 다시 돌아왔다. 너무 신기하게도 영화 같은 일이 정말로 이루어진 것이 신기할 따름이었다. 그리고 세상이 정말 좁구나 하고 또 한 번 느끼게 되는 하루가 되기도 했다.

즐거운 대학 생활엔 술을 많이 먹는 날도 많았다. 술도 잘 못 마시지만, 그 분위기와 사람들이 너무 좋았기에 자리에 되도록 참석하려고 했다. 어떨 땐 주량을 넘게 마셔서 필름도 몇 번 끊긴 적이 있고, 토도 한 적 있으며, 심지어 할아버지 생각이 나서 운 적도 있다. 부끄럽구만….

이렇게 즐거운 대학 생활도 끝이란 건 있었다. 마무리가 되어 갈 때쯤 다른 친구들은 다음 학기에 다시 보자는 얘기들을 많이 나눴고, 난 그때 알고 있었다. 이게 처음이자 마지막 대학 생활이란 것을 말이다. 왜냐하면 대학 등록금은 비쌌고, 집에는 너무 부담되는 금액이었으니깐. 그래서 난 군대를 먼저 가자고 마음을 먹었고, 친구들에게 군대에 간다고 말을 했다. 일찍 가는 게 좋지 않겠냐는 핑계를 둘러대면서 말이다. 방학이 오고 나서 난 휴학계를 쓴 후에 2010년 9월인 입대를 기다리며 또다시 아르바이트를 시작했다. 이번엔 타지에 있는 공장에 들어갔다. 2달 정도 일을 할 수 있었는데 기숙사에서 지내면서 월급은 한 170만 원 정도 탈 수 있었다. 그렇게 2달 모은 돈은 내 통장에 쌓여 600만 원이라는 돈으로 다시 충전이 됐다. 난 이 돈으로 전역해서 치아교정을 할 거라고 다짐을 했고, 오는 9월에 군대에 입대를 했다. 머리를 박박 민 내가 참 어색했다. 그리고 까끌까끌한 내 머리는 중독성이 심해서 계속 손으로 만졌다. 훈련소에서의 조교들은 생각보다 두려움의 대상이었고 말을 잘 듣게끔 하는 말투와 분위기로 우리들을 제압했다. 훈련은 힘들었고 군대의 밥은 정말 맛있었다. 원래 살이 잘 안 찌는 체질이었는데 군대에 가서 살이 엄청 쪘다. 삼시 세끼 잘 먹고 많이 먹어서 그런가 보다. 훈련소에선 주말에 종교 활동을 하는데 거기서 초코파이랑 음료수 같은 걸 받을 수 있었다. 그래서 종교 활동은 필수다. 나는 기독교 쪽에 가서 초코파이와 음료수를 받았는데 동기가 불교와 천주교 쪽에 갔더니 초코파이와 음료수보다 훨씬 맛있는 햄버거 같은 걸 받아온 것이었다. 이때 난 기독교에 대한 배신감을 느꼈다. 그래서 다음 주에는 불교에 가고, 천주교에도 갔다. 그리고 아직도 잊지 못하는 군대의 밥이 있다. 바로 훈련소의 마지막쯤에 나눠준 쌀국수라는 라면이었다. 난 원래 라면을 좋아했었지만 군대에선 먹을 수 없었기에 아쉬웠었다. 그러다 그 라면을 배급받았고, 라면을 받아서 먹는데 정말 잊을 수 없는 신세계였다. 밖에서 판다면 솔직히 잘 안 팔릴 것 같은 맛이지만 그때의 라면은 미친 듯이 맛있었던 라면이었다. 밥을 먹고 돌아와 저녁에 잠시 개인 정비 시간을 가질 때의 낙은 바로 편지였다. 훈련소에 인터넷 편지로 보내는 사람도 있었고, 직접 손으로 쓴 편지를 보내는 사람도 있었다. 그중에 난 손으로 직접 적은 엄마의 편지를 받았다. 그리고 그걸 보고 울컥하기도 했다. 그 편지의 내용은 처음에 간단한 안부 인사 후 엄마가 심장이 아파서 병원에 몇 번 갔다 왔다는 내용과 아빠가 요즘 가정적으로 변해서 엄마한테 잘해주신다는 내용이었다. 사실 엄마는 내가 고등학교 때 일을 하다가 손님이 미는 바람에 높은 계단에서 뒤로 떨어져 머리를 심하게 다치신 적도 있었다. 그래서 엄마가 더 아프면 안 된다는 마음에 울컥했던 것 같았다. 아프면 서럽고 힘들다는 건 누구나 알고 있다. 할아버지도 그랬고, 할머니도 그랬다. 그래서 내 주변에 있는 사람들이 모두 건강했으면 좋겠다고 많이 바랐다. 그날은 왠지 군대에 있는 밤이 슬퍼서 잘 때 이불을 뒤집어쓰고 많은 생각을 하면서 잠을 잤다. 그리고 다음 날, 그다음 날에도 훈련을 받으면서 정신적으로 군대에 대한 개념이 박히고 있는 나날이 흘러 훈련소에서의 기간이 끝나갈 무렵 자대배치를 시작했다. 솔직히 난 그냥 편한 부대에 갔으면 좋겠다고 생각했다. 다른 동기들은 스스로 힘든 부대에 가고 싶어서 자원도 하고 그랬다. 어떤 동기는 수색대대에 갈 거라고 지원한다고 주변에 떠들고 다녔다. 난 그런 부대가 뭔지도 모르고 관심도 없었다. 그냥 몸이 덜 힘들고, 그저 시간이 빨리 가기를 바랐다. 근데 이게 무슨 일인가? 난 지원하러 면담하러 간 적도 없는데 어딘지도 모르는, 관심도 없는 수색대대에 차출됐다. 사실 난 그때에도 수색대대가 무슨 부대인지 모르고 해맑게 차를 타고 훈련소를 떠났었다. 부대에 도착했더니 무언가 느낌이 썩 좋지만은 않은, TV에서나 보던 그런 무거운 분위기의 생활관에 들어오게 됐다. 알고 보니 수색대대는 최전방 부대에 나름 힘든 부대였다. 무거운 것을 들고 수색하러 산도 많이 타고, 밤에는 산에서 매복하고 다음 날 아침에 돌아오는 일정을 많이 하는 부대였다. 그런 부대임을 알고 나서는 속으로 욕도 많이 했다. '아니, 왜 지원도 안 하고, 아무것도 안 했는데 이런 부대에 차출돼서 오냐고' 말이다. 일단 가족들에게 전화로 안부를 전했고, 수첩에 미리 적어둔 친구들의 전화번호로 전화를 걸어 여러 사람들에게 근황을 알렸다. 그렇게 수색대대에 적응을 해가며 부대에서 하는 임무들을 하나씩 배워갔다. 사람이란 게 참, 잘 적응하는 동물이라 그런지 점점 익숙해지고 있다는 것이 느껴졌다. 그렇게 수색과 매복을 차츰차츰 배워 같이 작전에 동원되고 했다. 수색대대는 DMZ 안에 북한군이 있나 확인하면서 수색하고 매복하는 임무를 하는 부대이다. 수색과 매복은 계절을 가리지 않았으며 거의 2일에 한 번꼴로 산을 오르락내리락했다. 작전을 갔다 온 후에 먹는 밥은 정말 꿀맛 같았다. 특히 겨울에 매복을 갔다 온 후 끓여 먹는 라면은 진짜 최고였다. 내가 있는 부대는 강원도 철원에 있었는데 겨울엔 생각보다 너무 추웠다. 가장 낮은 온도일 때는 영하 30도까지 내려갔었고, 보통은 영하 10~16도였던 것 같았다. 거기다가 겨울에 눈은 또 왜 그렇게 자주 오는지, 눈이 그치고 눈을 치울 때 어느 정도 지나고 나면 또 눈이 내리는데 뒤돌아보면 우리가 눈을 치웠던 자리가 그대로 다시 눈이 쌓여 있었다. 이건 뭐 다른 부대에서도 많은 공감을 할 것 같다. 시간이 흘러 부대에 익숙해져 내가 일병이 되고 상병이 되기 직전에 일병휴가를 쓰기로 했다. 다들 휴가를 갔다 오면 시간이 안 간다고 그러기에 대체로 부대원들이 그렇게 휴가를 쓰는 추세였다. 일병휴가는 정말 꿀 같았으며 많은 일들이 있었다. 두 가지의 큰일이 있었는데, 먼저 우리 큰누나가 그때 결혼을 했다. 좋은 매형을 만난 것 같아서 좋았다. 결혼식 날에 머리를 박박 밀어서 군인 티가 확연하게 났지만 그래도 당당하게 있었다. 좋은 날이니깐. 그리고 두 번째는 바로 내가 휴가 복귀 전날에 친구들과 계곡에서 놀다가 물에 빠진 일이다. 그때 난 바닷가 근처에 살면서 수영을 못했다. 계곡의 다리 밑에서 물놀이를 했는데 다리의 중간지점까지는 내 발이 아주 잘 닿는 얕은 곳이었다(다리의 길이는 20m 정도의 거리였다). 그래서 "수영해서 다리 반대편까지 가자"라는 친구의 말을 승낙하고 수영을 했다. 근데 다리 중간쯤 지났을 때 그냥 수영해서 가면 되는데 이상하게 멈춰서 잠깐 쉬어서 가고 싶었다. 그래서 수영하던 발을 멈추고 바닥에 발을 뻗었는데 발이 안 닿더라. 당연히 나는 당황하면서 물에 빠졌다. 그리곤 미친 듯이 허우적대며 물을 먹었고 머릿속으로 갑자기 무언가가 떠올랐다. TV에서 본 것인지, 친구가 말해줬던 건지 '바닥에 발이 안 닿으면 바닥까지 내려갔다가 바닥을 발로 차서 점프를 한 후 물 위로 올라온 뒤 다시 수영을 하면 된다'는 말이었다. 그래서 그대로 해봤다. 그러나 몸이 물을 먹고 긴장이 된 건지, 원래 안 되는 것이었는지 알 수 없었지만 안 됐다. 결국 난 물을 많이 먹어 폐에 물이 꽉 차 의식이 희미해져 갔다. 정말 사람이 죽을 때가 되면 기억들이 주마등처럼 스쳐 지나가더라. 고등학교 때와 대학 생활, 부모님, 할아버지, 할머니 등등 여러 가지 생각이 났다. 그리곤 의식을 잃었다. 내가 다시 의식이 깨어났을 때에는 친구가 날 구해서 인공호흡을 하고 있었고, 다행히도 정신이 들어서 누워 있던 몸을 일으켜 세워 앉아 있었는데 머리가 멍하면서 숨이 잘 안 쉬어졌다. 아마 폐에 물이 꽉 차 있었기 때문이겠지. 그리곤 침을 툭 뱉었는데 피가 같이 섞여 나왔다. 그제야 내가 죽을뻔했구나 하고 인식했다. 그 후로 난 구급차가 와서 병원의 들것에 실려 갔다. 들것에 실린 난 굉장히 편했다. 그리고 막 졸렸다. 구급차로 이송된 나는 고향에 나름 종합병원이라고 하는 작은 병원 하나가 있는데, 거기에 환자처럼 누워 있었고 엄마랑 아빠가 와서 나를 보고 놀라셨다. 살아서 다행이란 표정과 안도의 웃음을 지으며 말이다. 그 병원에서는 나를 치료할 수 없어서 강릉에 있는 조금 더 큰 병원으로 이송하기로 했다. 그렇게 다시 구급차에 탔고, 구급차에 탄 이후부터 다시 강릉의 병원에 도착하기 전까지 이상하게 계속 졸렸다. 강릉 병원에 도착하자마자 의사와 간호사들은 몸에서 물을 빼는 여러 가지 시술을 했다. 주사기로 여러 곳의 피도 뽑았다. 팔, 발등, 성기 등등 주사기를 막 꽂았다. 그중에 제일 아픈 곳은 발등이었다. 발등에 주사기를 꽂을 때면 신음소리를 냈고, 그걸 보고 엄마는 울기도 했다. '이런 게 진짜 아픈 거구나, 정말 아픈 건 싫다'라고 머릿속에 아주 세뇌가 되는듯했다. 그렇게 난 중환자실로 옮겨졌고, 움직이질 못해 누워 있었다. 사람이 아프니깐 기운도 없고, 식욕도 없고, 의욕도 없어지게 되더라. 2일 정도 있다가 조금 호전이 돼서 일반병동으로 옮겨졌다. 일반병동에서 내 옆에 있던 환자도 나와 같이 물에 빠져서 의식을 잃고 온 사람이었다. 내가 일반병동으로 옮긴 후 군대의 소대장님에게 나의 상태를 알리는 전화를 했으나 이미 어느 정도는 알고 계신 상태였다. 이런저런 일이 있었다고 이야기를 들려줬고 부대에는 이미 내 얘기가 퍼져 부대가 발칵 뒤집어졌다는 소리를 들었다. 어쨌든 난 나의 병장휴가를 당겨쓰고, 얼마 치료를 하지 않은 채 다 낫지 않은 상태에서 부대로 복귀를 해야 했다. 어쨌든 살아서 다행이라는 생각이 들기도 했고, '어쩌면 물에 빠졌을 때 할아버지, 할머니 또는 하늘로 간 친구가 날 죽지 않게 도와준 건 아니었을까'라는 생각이 가끔 들기도 했다. 그렇게 난 참으로 큰 두 가지 일을 겪은 일병휴가를 보냈다.

물에 빠졌던 나는 생각보다 금방 멀쩡하게 호전됐고 평범하게 군 생활을 계속했다. 가끔 심장이 찌릿찌릿하기도 했지만 말이다. 상병이 되고, 병장이 되고 어느샌가 전역할 날이 얼마 남지 않게 돼버린 나는 그때 전역을 하고 무엇을 해야 하는지 많은 고민에 빠졌었다. 친구들에게 전화를 할 때마다 난 "복학해서 보자"라는 미안한 거짓말을 자주 했었다. 그러나 난 복학을 못 한다는 것을 이미 짐작하고 있었다. 그래서 일단 전역하고 운전 면허증을 따고, 치아교정을 하기로 마음을 먹었다. 부푼 마음과 계획을 갖고 2012년 6월에 전역을 했고, 일단 부모님과 대학 문제에 대해 이야기를 나눴다. 그에 대한 아빠의 대답은 "한 학기밖에 등록금을 대줄 수가 없다. 그러니 네가 대학을 갈지, 치아교정을 할지 정해라"라고 돌아왔다. 당연히 난 교정을 한다고 했다. 그렇다고 부모님에게 교정비용을 받은 건 아니었다. 전역하자마자 아르바이트를 또 조금 해서 내 통장에는 500만 원 정도가 다시 쌓여 있었고, 계획대로 면허를 땄고, 치아교정을 했다. 교정을 할 때 작은누나가 100만 원, 엄마가 50만 원을 보태줬다. 교정은 서울의 강남까지 가서 했다. 왠지 서울 강남이라고 하면 엄청난 기술과 시설들이 모여 있을 것 같은 느낌이라 교정도 엄청 잘할 것 같은 느낌이었기 때문이다. 인터넷에서 좋은 치과를 물색해 본 결과 강남의 한 치과에서 교정을 받기로 했다. 그 치과 문 앞까지 가서 떨리는 마음에 화장실에서 양치질 한 번 하고 당당하게 지방 사람이 아닌 척, 최대한 표준어를 쓰려고 노력하면서 치과에 들어갔다. 물론 다 티가 났겠지만 말이다. 치과의사 선생님은 엑스레이를 찍고 내 치아를 보더니 발치는 하지 않아도 된다고 했다. 사실 난 발치를 하든, 말든 간에 교정을 하기만 하면 됐기에 크게 신경을 쓰진 않았다. 그렇기에 그냥 빨리 교정기를 치아에 붙이는 시술을 받고 싶을 뿐이었다. 그리곤 바로 아랫니 교정기를 다는 시술을 시작했다. 초록색 천이 내 눈 앞을 가렸고, 난 입을 아주 최대한 벌렸다. 그리고 한 40분이 지났을 때쯤 나의 아랫니에는 교정기가 부착돼 있었다. 거울을 보고 난 엄청 뿌듯해하며 누런 치아를 이리저리 살펴봤다. 너무 마음에 들었다. 그리고 2주 후에 윗니에도 달았는데, 윗니에 달면서 아래 어금니의 양쪽에 파란색으로 뭘 하나 만들어 놓으셨다. 내 앞니 2개가 아랫니 뒤에 들어가 있어서 그 치아를 빼내려면 치아가 다물어지면 안 되고, 밥은 또 먹어야 하니 임시방편으로 어금니를 만들어 놓은 거였다. 뭐가 어쨌든 교정을 해서 너무 기뻤다. 그러나 그 파란 어금니가 나의 고통의 시작이 될 줄은 몰랐다. 왜냐하면 음식을 씹는 게 너무 불편했다. 쉽게 이해시켜 주자면 입안에 치아라곤 양쪽에 어금니 하나씩밖에 없다고 생각하면 될 것 같다. 그래서 음식물의 위치를 잘 맞춰서 씹어야 음식이 씹혀서 그나마 삼킬 수 있을 정도로만 겨우 다져졌다. 그래서 혀가 아주 바쁘게 돌아갔다. 가끔 고기를 씹어야 할 때면 그냥 죽을 먹는 게 차라리 낫겠다는 생각이 들 정도였다. 이런 고통 속에서도 나의 치아는 내 고통에 보답을 해주듯 생각과는 다르게 엄청 빨리 움직여 주었다. 나의 앞니 2개는 정말 금방 훅훅 튀어나와 주었고, 얼마 지나지 않아 파란 어금니를 없앨 수 있게 됐다. 그리고 앞니 2개가 앞으로 나와 마음 편히 웃을 수 있게 됐다. 난 나중에 교정이 끝나면 사과를 베어 물 때 가지런한 나의 치아모양을 보며 흐뭇해할 날을 기대하기도 했다. 그 후 난 다시 일을 할 계획을 세웠고, 12월이 됐을 때쯤 군대에 갔던 또 다른 고향 친구가 전역을 하기 때문에, 그 고향 친구와 1월에 시골을 떠나 경기도로 가 공장에서 일을 하기로 했다.

내가 있어야 할 곳

 1월이 되어 경기도에 올라와 공장에서 일을 하게 됐고, 일을 하면서 직원들이랑 많이 친해졌다. 나는 아직 비정규직이었으며 정규직이 되려면 1년을 다녀야 한다고 했다. 하지만 왠지 1년이란 시간이 생각보다 빨리 갈 것 같다고 느껴졌다. 왜냐하면 직원들이랑 술도 먹고, 당구도 많이 치고, 밥도 많이 먹음으로써 시간이 너무도 잘 갔기 때문이다. 나는 기숙사에 살고 있었는데 기숙사는 방이 2개가 있었고, 방 2개를 잇는 작은 주방이 통로처럼 하나 있었다. 이 기숙사는 아웃소싱 업체에서 지원해 주는 기숙사였다. 그래서 기숙사에 조선족 중국인이 먼저 자리 잡고 살고 있었다. 그 사람은 작은 방에서 혼자 살고 있었고, 친구와 난 조금 더 큰 방에 둘이 같이 살았다. 가끔 조선족 중국인이 술을 먹고 친구를 데리고 와 집에서 막 고함을 치고 할 때가 있었는데 '이러다가 혹시 해코지당해서 죽는 거 아닌가?' 하는 이상한 상상을 하며 겨우 잠을 청하기도 했다. 그런 나날들이 지나 직장에서 어느 정도 익숙해질 무렵 같이 일하는 어떤 한 형이 나에게 같이 살자고 제안을 했다. 나는 물론 너무 좋았다. 기숙사에서 나올 수 있는 계기가 됐기 때문이다. 나랑 같이 고향에서 왔던 그 친구는 다른 회사로 이직해서 같이 살고 있지는 않았다. 그렇게 승낙을 하고, 나는 기숙사를 나와 그 형이 살고 있는 집으로 이사를 갔다. 그 집은 원룸으로 큰 방 하나에 주방이 있고, 살짝 옛날 느낌이 나는 화장실 문과 미닫이문으로 분리되어 세탁기가 있는 베란다 이렇게 나누어져 있었다. 그 형과 같이 지내면서 많은 얘기를 나눴는데, 이 형도 살면서 많은 일들이 있었나 보다. 이야기들을 들으면서 느낀 건, '나뿐만 아니라 세상에는 대부분 어느 정도의 고난과 역경을 겪은 사람이 많은 것 같다'는 생각이 들었고, 또 한 사람 사는 건 다 비슷비슷하다고 느끼기도 했다. 이 형은 자신만의 장점이 있었는데, 그건 바로 여자 친구를 잘 만들었다. 난 잘 느끼지 못했지만 여자분들에게는 무언가 매력적인 독특한 모습이 있는 것 같았다. 그 당시에 난 여자 친구가 없었는데, 그런 내가 걱정이 됐는지 형이 지인에게 여자 소개시켜 줄 사람 있냐고 부탁을 했었던 것 같았다. 뜬금없이 가끔 나에게 "여자 소개 받을래?"라고 자주 날 걱정해 주는 듯 많이 물어봤다. 그래서 난 알았다고 하면서 속으로 '호오?' 하며 여자를 소개받았다. 그 여자는 계란 같은 얼굴형을 갖고 있었으며, 단발머리를 하고 있었고, 성격은 살짝 사차원이었다. 아, 참 그리고 그 여자는 강남에 사는 부잣집 딸이었다. 강남의 부잣집 딸이라니, 뭔가 나랑 너무 맞지 않는 느낌이 드는 건 내 착각일지도 모른다. 드라마에나 나올법한 느낌이랄까나? 마치 나중에 그쪽 부모님이 나와 몰래 만나 "우리 아이와 헤어져 주세요" 하면서 돈봉투를 건네는 시나리오가 나오진 않을까 하는 말도 안 되는 상상을 한 번은 해보기도 했다. 그렇게 몇 번 만나다가 결국 난 그 여자와 사귀기 시작했고, 여러 일들이 많았다. 만나서 데이트도 하고, 맛있는 것도 먹고, 처음으로 수박을 사 들고 여자 친구네 부모님을 뵈러 가기도 했다. 그러자 여자 친구네 부모님이 깜짝 놀라시기도 했다. 놀랄 만도 했다. 그래, 서울에 진짜 수박 한 통을 들고 버스, 지하철을 타고 걸어가서 직접 수박을 건네는 사람이 요즘 세상에 드물긴 했을 것이다. 그런 시골 청년의 순수함에 여자 친구네 부모님이 날 싫어하진 않으셨었던 것 같았다. 하지만 이런 보답에 부응해 주지 않는 여자 친구 때문에 여자 친구의 부모님과 내 속은 썩어 문드러졌다. 연락이 안 되는 문제, 다른 남자 문제, 성격이 안 맞는 문제, 너무 늦게까지 술을 마시는 문제 등이 있긴 했다. 난 사실 이성 간의 문제에 대해 크게 억압하고 그런 수준은 아니었다. 여자 친구가 정말 친한 남자인 친구가 있다고 해서 만나지 말라고 하는 이기적인 행동을 하지는 않는다. 그저 선을 지키고, 서로 존중해 주고, 믿어주고, 연락만 잘되면 됐다. 그래서 계속 여자 친구에게 "이러이러한 일은 좀 자제를 해주면 좋겠다"하며 당부를 많이 했지만, 결국 시간이 흘러 그 여자 친구와는 이 문제를 해결하지 못한 채 별 볼 일 없는 사소한 문제와 성격 차이로 헤어졌다. 그리고 깨달은 건 남녀관계에는 성격도 중요하지만 서로 선을 지켜주며, 상대방을 배려해 주고, 존중해 주는 것이 아주아주 중요하단 걸 알게 됐다. 그리고 서로 존중을 해주지 못하는 관계는 오래갈 여지가 없다는 것 또한 가슴에 새기게 됐다. 소개시켜 준 룸메이트 형한테 미안한 마음을 갖기도 했지만 어쩔 수 없었다. 그런 나날이 흘러 형과 같이 산 지 어느 정도가 지나면서 자연스럽게 형과 자주 가던 만두 가게 하나가 있었다. 거기에는 예쁜 이모가 만두를 팔았고, 안에서는 듬직한 행님이 만두를 빚으셨다. 만두는 모두 포장으로만 팔았다. 자주 들른 이유는 공장 출퇴근 버스가 만두 가게 앞에서 직원들을 태워 감으로 인해 가게 앞을 서성이는 일이 많았기 때문이다. 그래서 난 이모, 행님과도 자연스레 많이 친해졌다. 어느 정도로 친해졌냐면 만두 가게 안으로 들어가서 셋이 밥도 먹고, 술도 먹고, 이야기도 많이 할 정도로 말이다. 그 정도로 내가 잘 다가갈 수 있게 이모와 행님이 나에게 너무나 잘해주셨다. 밥을 먹으면서 이야기를 할 때면 행님은 내가 꿈이 있다는 게 마음에 든다고 많이 말씀하셨다. 요즘에는 젊은 사람들이 기계처럼 출퇴근을 하고 꿈이 없다면서 아쉬워하셨다. 난 행님의 말이 맞다고 전적으로 동의하기도 했다. 현재 10대와 20대를 보면 꿈이 대기업 취직인 사람이 적지 않게 있다. 자기가 해보고 싶은 것이 딱히 없고, 이유 없이 오로지 돈만을 위해서, 돈을 많이 주는 곳을 가기 위해서만 공부를 하고 시간을 쏟는 수동적인 사람이 많아진 것은 사실이다. 물론 틀린 것은 아니라고 생각한다. 좋은 곳에 취직해서 돈을 많이 벌면 기본적인 것은 다 할 수 있다. 차를 사고, 집을 사고, 결혼을 하는 등의 평범한 삶을 사는 것, 무난하게 사는 것을 할 수 있다. 그러나 가끔 대기업에 취직하고도 막상 자기의 목표를 이루고 나니 공허함에 우울증도 걸리고, 스트레스를 받는 사람도 적지 않게 있다. 아닌 사람도 있겠지만?

하여튼 난 전문적인 기술을 갖고, 전문적인 것을 할 수 있는 사람을 굉장히 대단하게 본다. 사람마다 취향이 다르고, 기준이 다르겠지만 일단 내 기준은 그렇다는 것이다. 돈을 잘 벌진 않지만 정말 한 분야에 고수가 되거나 정상이 된다는 건 나의 기준에서 정말 짜릿한 일이다. 그래서 가끔 악기, 용접, 미용, 미술, 예술, 요리 등등 특정 기술 분야의 고수분들을 보면서 생각한다. '저 사람은 저 정도의 기술을 익히기 위해서 얼마나 많은 노력과 애정의 시간을 보냈으려나?' 하는 의문이 든다. 누구나 다 처음에는 서투르고, 실수하고, 많은 실패를 한다. 허나 그런 값진 경험으로 자신의 실력을 쌓아 자신만의 노하우를 갖는다는 건 정말 엄청난 시간과 노력을 투자해야 한다고 생각한다. 그 결과로 인해 차후 특정 기술 분야에 한 획을 긋는다면 정말 선망의 대상이 아닐까 싶기도 하다. 즉, 이유 없이 돈을 무작정 좇아가는 삶보단 특정 목표, 꿈을 위해 노력하는 사람이 나에겐 굉장히 커 보인단 이야기이다. 만두 행님도 마찬가지로 만두 가게를 경영하기 위해 공장에서 나오는 만두들의 레시피를 찾아보기도 하고, 다른 집 만두도 먹어보고, 이리 뛰고 저리 뛰고 해서 결국 자신만의 만두를 만들어 내셨기에 정말 멋있다고 생각이 드는 분이다. 그래서 나도 모르게 다른 곳보다 이 만두 가게에 더 정이 들었던 것일지도 모른다. 이런 삶에 대한 이야기를 생생하게 전해 들을 수 있었으니 말이다. 이처럼 나도 '한 분야에 특정 기술을 갖고 목표를 새겨 부단히 노력하는 사람이 되어야겠다'는 다짐을 지니며 지내는 나날이 시작되었다.

2014년 1월에 어느새 난 공장에서 일을 한지 1년이란 시간이 흐르게 됐다. 그리고 이제는 정직원이 되길 조금은 바랐다. 나보다 먼저 와서 일을 했던 사람들은 한 명씩, 한 명씩 정직원이 됐었고, 나도 당연히 그렇게 될 줄 알았다. 한데 세상은 그리 만만치 않은가 보다. 내 차례일 때, 내 뜻대로 정직원을 뽑지 않았다. 이유는 정직원이 많다는 이유로, 회사의 경기가 좋지 않다는 이유로, 정직원이 일정 수가 넘으면 회사가 세금을 더 내야 한다는 이유로 난 정직원이 될 수 있는 골인 라인 앞에서 발을 멈추게 되었다. 그리고 주변의 형들이 나에게 이렇게 말했다. "야, 다음엔 네 차례니까 그냥 일단 버텨"라고 말이다. 그 말을 듣고 난 기운 없는 목소리로 "그래요, 좀만 더 계속 버티면 나도 다른 사람들처럼 정직원이 되겠죠?"라고 말하면서 끈기 있게 더 버텨보기로 했다. 그러면서 한편으로는 이런 생각도 했다. '난, 왜 이렇게 일이 잘 안 풀리는 거지'라며 속으로 신세한탄을 하면서 말이다. 이때 내가 처음으로 일이 안 풀린다고 생각한 시초였다. 잘 생각해 보면 여러 가지가 있었다. 어릴 때, 군대, 물에 빠진 것 등등이 있었지만 사실 좋은 일도 많았을 것이다. 그러나 원래 머릿속에는 안 좋은 기억들이 더 많이 차지하는 법이니깐, 그러려니 하고 최대한 긍정적으로 생각하려고 노력했었다. 그리고 얼마 지나지 않아 2014년 4월 집안에 경사가 하나 났다. 우리 작은누나가 결혼을 한 것이다. 우리 작은누나의 매형도 큰매형처럼 역시나 너무나 좋은 사람인 것 같았다. 작은매형은 부모님들을 잘 챙기고, 나름 유머가 있기도 하고, 정의롭기도 했다. 그리고 같이 만났을 때 누나가 개그맨을 닮았다고 그런 적이 있는데, 매형을 보면 자꾸 그 개그맨이 떠오르기도 했다. 나는 그런 매형들이 좋았고 본받을 점이 많았다. 이번 결혼식에는 큰누나의 결혼식 때와는 다르게 나의 머리는 잘 자라 있었다. 이때는 파마도 하고 염색도 했었기에 나름 괜찮은 머리였다. 작은누나가 결혼한다고 나에게 정장을 사준다는 것을 한사코 괜찮다고 거절을 열심히 했더니, 결국 어떤 매장에 가서 구두를 사 줬다. 근데 막상 구두를 신어보니 구두가 생각보다 잘 맞고, 예쁘게 생긴 것 같아서 안 받았으면 아쉬워서 눈앞에 아른거릴지도 모른다는 생각이 들 정도로 내 마음에 쏙 들었다. 그래서 나름 잘 받았다고 생각이 들기도 했다. 정장은 내가 맞추고 싶었던 정장집에서 내가 모은 돈을 가지고 맞춤정장으로 하나 장만하기로 했다. 나도 이제 적당히 돈을 모았을 때라 큰 부담은 없었다. 예전에 기성복으로 산 정장이 하나 있긴 했는데, 확실히 맞춤정장이 내 몸에 맞게 제작이 되기 때문에 훨씬 편하고 예쁘게 입을 수 있었다. 이래서 사람들이 맞춤정장을 한 벌 입기 시작하면 계속 선호하는 것 같기도 했다. 그렇게 정장을 입고, 누나가 사준 구두도 신고 작은누나의 결혼식에 참석했다. 누나의 결혼식에는 많은 하객, 친척들이 왔고 웃기고 재미난 결혼식이 시작됐다. 그중에 가장 인상 깊었던 것은 노래 부르는 도중에 특정 단어가 나오면 매형이 누나한테 뽀뽀를 해주는 것이었다.

   그렇게 즐거운 결혼식이 끝나고 우리 부모님 집은 살짝 공허함이 감도는 집이 됐다. 사람의 온기가 집에서 하나씩 빠져나간다는 느낌이었다. 큰누나는 안동에 살고 있었기에 원래 떨어져 지냈지만, 부모님 집에는 아빠, 엄마, 작은누나, 나 이렇게 넷이 있다가 내가 돈을 벌기 위해 경기도로 갔고, 작은누나는 결혼해서 신혼집에 들어갔으니 공허할 수밖에 없었다. 하지만 괜찮다. 작은누나가 멀리 간 건 아니다. 작은누나네 집은 어차피 고향에 있었기 때문에 자주 부모님 집에 들르곤 했다. 나도 결혼식이 끝난 후 하루 정도는 더 지내고 갈 수 있었기에 괜찮았다. 그렇게 편안한 하루를 보내고 다음 날에 다시 일을 하러 가야 되니 버스를 타고 올라가야 했다. 버스를 타고 가는 도중에 많은 생각이 들더라. 벌써 우리 집에서 큰누나와 작은누나가 시집을 갔으니 시간이 참 빠른 것 같다고 느껴졌다. 어릴 때 누나들과 같이 있는 시간이 많지는 않았지만, 누나들이 나와 이만큼 차이가 있을 거라곤 딱히 생각해 본 적이 없었다. 이제 나만 남긴 했는데, 솔직히 난 결혼을 할 수 있을지 잘 모르겠다는 생각이 머릿속에 더 많이 자리 잡고 있었다. 돈을 많이 벌 것 같다는 근거 없는 자신감은 있었으나 결혼에 대한 자신감은 없는 것 같았다. 막연하게 현재로선 답도 없는 생각을 계속하는 게 싫어서 그냥 눈을 감고 버스가 도착하기만을 기다리면서 잠을 청하기로 했다.

내 첫 발돋움

2014년 5월쯤 됐을 때, 난 예전에 배우고 싶었던 발성을 배워보기로 마음을 먹었다. 다행히도 내가 사는 집에서 그리 멀지 않은 곳에 발성 학원이 있었다. 빨리 배워보고 싶은 기대와 부푼 마음에 시간이 날 때 얼른 학원에 가서 등록을 했다. 선생님은 일단 머리를 완전히 스님처럼 밀어버린 뭔가 잘생긴 듯한 얼굴을 하신 웃기고, 강한 선생님이었다. 선생님에게 레슨을 처음 받던 날, 난 김칫국을 시원하게 한 사발 마시기 시작했다. 이 선생님한테 배우게 되면 얼마 지나지 않아서 난, 그리 머지않은 시간에 발성을 잘하고 노래를 대단히 잘하는 사람이 될 거라고 말이다. 하지만 석연찮게도 내 생각과는 다르게 몸이 잘 따라주지 않았다. 어느 날은 노래가 잘돼서 고음이 높게 올라갈 때가 있기도 하였고, 어느 날은 고음이 안 되는 날도 있기도 했었지만, 분명히 잘되는 방법을 알아낸 후 다음 날에 가서 똑같이 해보면 되질 않았다. 그리고 점차 부정적인 생각을 가지며 '역시 노래에는 내공이 쌓여야 하나?'라고 생각했다. 그래도 끈기 있게 몇 달 동안 배우고, 일하면서 열심히 연습을 했지만, 초반엔 달라지나 싶더니 어느덧 한계를 느끼기 시작했고 시간이 지날수록 점점 발성을 하는 게 힘들다고 느껴졌다. 그렇게 낙심하던 중에 선생님의 스승님을 만나보라는 그 학원 내 직원의 조언으로 유튜브에 있는 선생님의 스승님 노래를 들어보았다. 그 스승님의 소리는 정말 가벼우면서 탄탄했고, 소리가 넓게 퍼지면서 강한 소리가 났다. 그래서 난 지금의 선생님에게 7개월 정도 배운 후 관두고, 서울에 학원을 운영 중인 선생님의 스승님을 만나러 가기로 결심했다. 그러나 그 스승님을 만나는 건 쉽지 않았다. 왜냐하면 이미 배우려고 줄을 선 사람이 많아서 기다려야 된다는 대답을 들었기 때문이다. 그리고 며칠이 지난 후 혹시나 자리가 있을까 싶어서 연락을 했다. 그런데 무슨 우연인지 마침 토요일 4시에 지방에서 배우러 오는 사람이 있는데, 그 사람이 매주 오는 건 힘들고 2주에 한 번씩 올 수 있다고 말씀을 하셨다. 그러면 그 남은 한 주에 내가 들어가서 배울 수 있다는 것이 아니겠는가? 나는 너무 기뻤다. 드디어 내 어두운 인생에도 빛이 들어오나 싶었다. 그래서 스승님의 제안에 당연히 난 좋다고 했다. 더군다나 난 공장에서 평일에 주, 야간 일을 하고 있었는데 토요일이면 완전 딱이었다. 토요일은 출근을 안 하는 추세로 가고 있었기 때문이었다. 뭔가 꼬인 줄 같았던 내 인생이 조금씩 풀리는 것 같은 기분이 들었다. 그리고 난 다짐을 했다. 열심히 학원을 다녀서 그 학원의 누구보다 뛰어나게 발성을 습득하는 인재가 될 것이고, 누구보다 발성을 잘할 수 있는 사람이 될 것이라고 말이다.

드디어 스승님에게 발성을 배우러 간 첫날, 나는 다른 사람들보다 습득력과 이해가 조금은 빠르다고 생각했다. 스승님도 아마 그렇게 생각했을 것이다. 왜냐하면 난 스승님의 제자인 선생님에게 가르치는 방식, 하는 방법 등을 미리 예습을 하여 배워서 왔었으니까. 그래서 난 다른 사람들보다 늦게 출발했지만 모두 다 제칠 수 있을 거라고 생각했다. 확실히 제자였던 선생님한테 배우는 것보다 스승님한테 배우는 것이 훨씬 목이 덜 불편했다. 스승님이 항상 레슨 때 말씀하시는 발성의 최종적인 것은 아주 간단했다. 모든 스포츠의 고수가 되려면 이완을 시키고 필요한 힘만 사용해야 한다고 자주 말씀하셨다. 권투, 테니스, 볼링 등등과 같이 발성도 똑같다고 했다. 몸에 힘을 빼서 이완시키고, 이완된 것을 유지한 채로 숨을 들이마시고 발음을 하는 것이었다. 이론은 정말 간단했다. 일단은 모든 걸 처음부터 잘할 수는 없다고 생각했고, 열정을 쏟아붓는다면 스승님처럼 최고의 발성을 가진 소리를 낼 수 있으리라고 맹신하고 있었다. 그렇게 레슨 시간에 스승님이 내 발성을 체크해 주신다. "몸에 힘을 빼고, 숨을 들이마시고 발음하세요"라고 하시자 난 그 소리를 듣고서 더욱 긴장이 됐고 몸에 힘이 들어갔다. 그리고 내 발성 연습의 과제는 힘을 뺀 상태에서 저음과 중음, 고음을 자연스럽게 연결하듯이 편하게 소리가 뒤집어지도록 두는 것이었다. 스승님의 시범은 귀에 거슬리는 것 없이 아주 편안하게 들렸다. 그러나 내가 소리를 내면 무슨 소 울음소리마냥 우는 것 같았다. 그렇게 나의 첫 레슨은 끝이 났다. 그래도 처음 한 것치곤 잘했다고 말씀해 주셨다. 왠지 모를 뿌듯함에 난 스승님의 기대에 부응하고자 계속 발성 생각을 하면서 어떻게 하면 더 잘할 수 있을지 연구를 했다. 일을 할 때에도, 퇴근하는 버스에서도, 잠을 자기 직전까지 오로지 머릿속에 발성 생각뿐이었고, 이상하게 머릿속에서 발성에 대한 생각이 떠나질 않고 자꾸 떠올랐다.

첫 레슨이 끝난 후 다음 날, 그다음 날이 되면서도 일을 할 때 소 울음소리를 냈다. 누구의 시선도 신경 쓰지 않고 말이다. 회사에 있는 형들이 나한테 "뭐 하는 거냐"라고 많이 물어보자 나는 마치 대단한 것을 하는 것처럼 떳떳하게 발성을 배운다고 얘기했다. 그러자 사람들이 괜한 짓 하지 말고 돈이나 모으라는 식으로 얘기를 했다. 그래서 난 한 귀로 그 얘기를 흘려듣고는 속으로 이렇게 말했다. '나중에 두고 봅시다. 내가 발성으로 성공할 거니까'라고 말이다. 난 그때까지만 해도 이 세상에는 정말 미친 듯이 몰두하고, 열정을 갖고 끝까지 꾸준히 한다면 모든 직업을 가질 수 있을 거라는 신념이 있었다. 그리고 두 번째 레슨을 가는 날이 되었고 심장이 콩닥거리기 시작했다. 떨려서 그런 것이 아니라 오늘은 얼마나 더 잘할 수 있을지에 대한 심장 박동이었다. 오늘은 피아노로 음을 잡으면서 음이 올라가거나 내려갈 때 거기에 따라 맞춰 음을 내는 연습을 하는 시간이었다. 나는 온갖 정신을 통일하며 내 몸에다가 신호를 보냈다. '몸에 힘을 빼고, 턱에 힘을 빼고 숨을 들이마시고 발음을 한다'라고 말이다. 그렇게 생각을 하자 내 몸이 정말로 말을 듣는 듯 힘이 빠지는 게 느껴지기도 했다. 그리고 피아노 소리가 들린다. 나는 거기에 따라 맞추려고 했다. "아~ 아~ 아~ 아~ 아 ~ 아~ 아~ 아~ 아~" 이렇게 아홉 번을 오르락내리락하는 소리를 내는 것이 한 주기였다. 이 한 주기가 끝나면 피아노의 음을 반음 올려 다시 처음부터 시작했고, 내 목소리도 피아노에 따라 반음이 올라갔다. 그런데 몇 주기가 지났을까? 생각보다 높은음이 나왔다. 그리고 난 아쉽게도 음이탈이 나고 말았다. 순간 실수를 한 건가 싶었지만 스승님은 당연하다는 듯이 피아노를 계속 치셨고, 난 피아노의 연주가 끝날 때까지 계속 따라갔다. 피아노의 연주가 멈추자 스승님께서 말씀해 주셨다. 그 음이탈 난 부분이 아직 이완이 덜 됐다는 뜻이고, 그 음이탈이 나는 음역대를 '파사지오'라고 하셨다. 원래 대부분의 남자들은 그 음역대의 부분에서 음이탈이 쉽게 잘 나고, 제일 어려운 부분이라고 말씀해 주셨다. 발성은 그곳을 연결하는 방법을 알게 해주는 것이었다. 그 후 난 머리에서 모든 게 연결이 되는 듯 이해했고, 파사지오 부분을 연결하는 게 최종 목표가 됐다. 그렇게 두 번째 레슨도 끝이 났다. 두 번째 레슨이 끝났지만 다음 레슨까진 또 2주를 기다려야 했다. 그때까지 연습을 더 열심히 해서 스승님의 기대에 부응하기로 다짐했고 저번과 같이 계속 머릿속에서 발성을 생각하는 나날로 매일매일을 보내곤 했다.

세 번째, 네 번째 레슨이 끝나고 좋은 소식이 생겼다. 바로 나와 한 주씩 교대를 하면서 레슨을 받던 지방 사람이 사정이 생겨서 학원을 못 다니겠다고 한 것이다. 그러면 이제 내가 그 자리에 들어가 매주 레슨을 받을 수가 있었다. 그리고 난 운명처럼 내가 발성을 배워야 하는 사람이라고 착각을 하기 시작했다. 내가 발성을 직업으로 갖고 살아갈 사람처럼 자리가 없었던 학원에 마침 갑자기 자리가 생기고, 내가 우연찮게 들어가서 2주에 한 번씩 레슨을 받고, 또 이제는 그 자리가 내 자리가 되었으니 그렇게 착각할 만도 한 것 같다. 그 학원에는 학원 내에서 강사 자격을 얻을 수 있게 해주는 증서 같은 게 있었다. 난 당연히 그것을 취득하고 싶었고 스승님에게 나도 딸 수 있냐고 물어봤다. 그러자 스승님이 당연히 딸 수 있다고 말씀해 주셨고, 그 얘기를 들은 난 더욱더 불타오르기 시작했다. 그러나 레슨은 생각보다 순탄하게 풀리지 않았다. 나는 여전히 파사지오를 넘어가는 소리를 내지 못했으며 계속 음이탈이 났고, 그것 때문에 파사지오 부분에서 목의 힘으로 억지로 소리를 내려고 애를 썼다. 그렇게 발악을 한 후 순식간에 레슨 시간이 끝나버렸다. 그때 난 왜 안 되는지 알지 못했고 속으로 안 좋은 생각을 했다. '역시 노래는 타고나야 하는 것인가?'라고 말이다. 그러나 스승님이 가끔 해주셨던 스승님의 옛날얘기를 기억해 보면 스승님도 발성을 타고난 건 아니었다고 한다. 그것으로 위안을 삼아 합리화를 시켜 우울한 기분을 조금이라도 달랬다. 하지만 열심히 하는 자에게 보상을 주는 것이 현실이니깐 '꾸준히 하다 보면 볕 들 날이 있지 않겠나'라는 생각을 하며 나를 위로하는 나날로 하루하루를 보냈다.

그렇게 연습에 몰두를 함에도 불구하고 나의 실력은 늘지 않은 채 벌써 공장에서 일을 시작한 지 2년이 지나고, 3년이 지나게 됐다. 그리고 아직 정직원이 되지 못했다. 내 앞으로는 다들 정직원이 됐었고, 그 후로 여전히 난 골인 라인 앞에 발을 멈춘 후 지금까지 버텨왔다. 최대한 긍정적으로 생각해 보려고 했지만 역시나 그 회사는 나에게 정직원이란 타이틀을 주지 않을 것만 같았다. 난 그저 소박하게 바랐던 것일 뿐이고, 충분히 오랫동안 열심히 일을 했을 텐데도 말이다. 그때 난 가끔 세상을 원망하기도 했다. 마치 내가 하는 일은 예전부터 다 안 풀렸던 것처럼 말이다. 어릴 때, 군대, 물에 빠진 것 등을 포함해 이번에는 공장 일까지 전부 부정적으로 점점 변했다. 그런 와중에 나를 가끔 다시 긍정적으로 만들어 준 친구와 선배가 있었다. 바로 대학 때 알게 됐던 나와 닮은 것 같지만 정반대였던 친구인 연서 말이다. 우린 가끔 만나서 서로의 사소한 이야기를 털어놓으면서 기분을 풀곤 했다. 나는 대체로 들어주는 편이었고, 연서는 내가 묵묵히 있을 때 쿵짝이 맞듯 다음 주제를 꺼냈고, 나도 그 주제에 빠져들어 공감해 주고 그랬다. 그러다 보니 우린 어느새 제일 친한 친구가 됐고 서로 마음을 터놓고 진지한 얘기, 비밀인 얘기를 많이 털어놓으면서 더욱더 소중한 사람으로 변했다. 나는 주로 발성, 고향 얘기, 공장 얘기 이런 걸 했었고, 그 친구는 회사 얘기, 남자 친구와 싸운 얘기, 부모님 얘기, 강아지 얘기 등등 여러 이야기를 했다. 연서와 많이 만나서였을까? 내가 많이 긍정적이고 밝게 변한 게 느껴졌다. 엄청나게 밝은 에너지의 영향이 나에게도 효과가 있었던 듯 주변에서도 내가 좀 변했다고 느끼는 듯했다. 그리고 깨달은 게 있었다. 누구를 만나든 간에 좋은 점이든, 나쁜 점이든 내가 보고 듣고 느끼는 것이 있고, 나도 모르게 흡수되어 간다는 것이다. 연서도 아마 나로 인해 많은 점이 바뀌었던 것 같았다. 이렇게 가끔 연서와 만나서 고민을 털어놓고 이야기를 하다 보면, 나도 모르게 나를 다시 잡고 열심히 하게끔 스스로를 다독이는 날 발견할 수 있었다. 그런 연서 외에 대학 때 알게 됐었던 동아리 선배인 혜영 누나와도 연락을 자주 했다. 그리고 이 누나의 영향력이 나를 많이 변화시키기도 했다. 이 누나는 호불호가 확실한 사람이었으며, 이 누나와 만나 대화를 하다 보면 내가 많이 부족하다고 느끼던 것이 있었다. 예전부터 난 우유부단한 성격 때문에 확실한 결정을 내리지 못했던 적이 많았다. 무언가를 선택하거나 결정을 해야 하는 일이 있을 때면 생각보다 고민을 많이 하는 날 발견할 수 있었고, 그럴 때마다 이런 성격을 고쳐야겠다는 다짐을 했었다. 근데 이 누나의 성격을 조금씩 흡수해 갔던 탓인지 어느새 나도 전보다 선택이나 결정을 빠르게 내리고, 호불호도 점차 확실하게 정할 수 있게 변해갔다. 이렇게 가끔 잠시나마 주저하는 나날이 있을 때 점차 나은 사람이 되기 위한 과정을 하나씩 밟아갔고, 사람은 의지를 갖고 변화하려는 욕심을 앞장세운다면 무엇이든 스스로 헤쳐 나갈 수 있단 것을 깨닫게 되었다.

오늘은 영화 「소원」*을 보다가 엔딩크레딧이 올라오기 직전에 멋있는 글귀가 하나 보였다. 그 글귀에는 "가장 외로운 사람이 가장 친절하고, 가장 슬픈 사람이 가장 밝게 웃는다. 왜냐하면 그들은 남들이 자신과 같은 고통을 받는 것을 원치 않기 때문이다. - 익명 -" 이렇게 쓰여 있었다. 왠지 모르게 그 글을 보는 순간, 누군가 날 꿰뚫어 보고 그런 글을 쓴 것처럼 난 옷을 벗은 채 알몸으로 있는 것과 같은 기분이었다. 정말 멋있는 글귀라고 생각했다. 그리고 그 글을 보자마자 내가 중학교 때 한창 인터넷의 미니홈페이지에 개인 홈페이지를 꾸미는 게 유행이었던 시절이 떠올랐다. 거기서 한참 허세가 많을 나이에 난 글귀를 하나 썼었다. '옅은 것에 혹하여 얽매이지 말고, 짙은 것을 혹하게 하여 얽매이게 하여라'라는 글귀를 썼었다. 유치하면서도 뭔가 잘 쓴 글귀 같았다. 그리고 아까 영화를 보면서 갑자기 멋진 글귀를 또 하나 써보자고 결심했고 한참 동안 고민을 하다가 글귀 두 가지를 만들어 냈다. '눈빛이란 말로 표현하지 않아도 알 수 있는 또 다른 언어이며, 거짓 없이 오직 진실만을 말하는 맑고 순수한 언어이다'라는 것과 '행복이란 좋은 직장에서 오는 것도, 좋은 집에서 오는 것도, 좋은 차에서 오는 것도 아닌, 좋은 사람과 함께할 때 오는 것이며 함께라는 말은 세상에서 가장 듬

---

* 이준익 감독, 「소원(HOPE)」, 2013

직한 말이다'라고 또 허세 가득하게 글귀를 만들어 냈다. 그 당시에 난 온통 거짓으로 속여 사는 세상과 행복하지 않은 상황에 불만이 가득했었나 보다. 이런 불만 가득한 세상에도 언젠가 나에게 찬란한 빛 한 줄기가 내려올 것이라고 생각하기에 돈을 조금 못 벌더라도, 가진 게 없더라도 기죽지 않고 열심히 더욱 발버둥 칠 것이라고 다짐했다. 그리고 찬란한 한 줄기의 빛이 되어줄 수 있는 것이 발성이진 않을까? 하고 의문을 갖게 되는 생각을 또 한 번 해보면서 긍정적으로 생각해 보는 내가 됐다.

인생 제2막 시작
(나만의 기술)

난 공장에서 3년 5개월쯤 됐을 때 결국 결심을 했다. 어차피 정직원이 되지 않을 것 같으니 퇴사를 하고 발성 학원에 올인을 하여 발성 강사가 되자고 말이다. 모아둔 돈은 한 2,500만 원 정도 있었다. 난 학원만 다니면 금방 발성의 정점을 찍을 수 있을 것 같았고, 머릿속에선 이상하게 계속 발성 방법이 자꾸 떠올랐다. 그래서 더 이상 지체하지 말자고 결심하여 조장님께 퇴사를 한다고 미리 얘기하고 한 달 뒤에 난 퇴사를 했다. 그리고 뒤도 돌아보지 않고 아쉬워하지 않았으며 공장을 떠났다. '자, 이제 난 새로운 시작이야. 발성에 목숨을 걸자!'라고 속으로 외치며 내일부터 학원에 갈 생각에 힘이 넘쳐났다. 그리고 다음 날부터 학원에 오후 12시쯤에 도착해서 밤 8시까지 연습할 수 있는 개인 방에 한이 많은 귀신처럼 틀어박혀 있었다. 학원에서 내 얼굴은 잘 모르지만, 항상 같은 자리에 주야장천 고함을 지르고 있는 날 모르는 사람은 없었다고 하더라. 그렇게 방 안에 틀어박혀서 나는 이 소리, 저 소리를 내어봤다. 근데 한 가지 발성을 할 때마다 의문점이 드는 것이 있었다. 그게 무엇이냐면 사람은 생각하는 동물이지 않은가? 난 항상 소리를 낼 때마다 생각을 하곤 했는데 방금 나온 소리가 바로 그 전에 나오던 소리와 다르다는 것을 깨닫게 됐다. 나는 이게 왜 이런지 늘 궁금했고, 조금 더 파고든 결과 내가 머릿속으로 특정 신체 부위에만 신경을 집중한 상태로 발성을 하면 분명히 소리가 다르게 났다. 예를 들면 내가 손바닥에 온 신경을 집중한 상태로 소리를 내는 것과 발바닥에 온 신경을 집중한 상태로 소리를 내는 것의 결과적인 소리가 달랐다. 여기서 힌트를 얻어서 난 우리 몸에 무수한 소리가 숨어 있고, 내가 내는 소리는 그중에 하나라고 생각했다. 그래서 이런 원리 때문에 사람들이 노래 부를 때 자기만의 방법으로 고음을 올리고, 소리를 무겁게 또는 가볍게 낸다고 생각했다. 어떤 사람은 고음을 올릴 때 가슴을 쥐어짜듯이 해야 올라간다는 사람도 있었고, 어떤 사람은 무릎을 굽히는 사람이 있었고, 어떤 사람은 멀리 보고 소리를 내야 고음이 잘 올라간다는 사람도 있었다. 그 이유가 다 내가 방금 전에 말한 신경을 다른 곳에 집중하는 것에 의한 결괏값으로 나오는 소리였다. 아직 이것을 발견한 사람이 나밖에 없다고는 단정 지을 수 없겠지만, 딱히 이것을 칭하는 명칭이 없었기에 난 이것을 '신경발성법'이라고 이름을 지었다. 난 이 신경발성법으로 몸에 신경을 옮겨 이곳, 저곳에다가 집중한 후 소리를 내보았다. 정말 신기하게도 때로는 무거운 소리, 가벼운 소리, 콧소리가 나는 소리, 콧소리가 나지 않는 소리, 고음에서 좀 더 편한 소리, 공명이 좀 더 울리는 소리 등등 정말 많은 소리가 있었다. 생각해 보니 성대모창을 하시는 분들도 보면 이런 원리라고 생각이 됐다. 성대모창을 하기 위해서는 특정 인물을 생각해야 하며, 그 사람의 목소리를 흉내 내기 위해서 신경을 어딘가에 두고 소리를 누르거나, 힘을 주거나, 콧소리를 내는 등의 변화를 줄 것이다. 현재 이 글을 읽고 있는 모창을 잘하시는 분들은 충분히 공감할 수 있을 것이라 생각된다. 하여튼 그래서 이 원리를 알고 난 후에 의문이 하나 들었다. '그럼 과연 내가 방금 전에 낸 소리와 똑같은 방법으로, 똑같은 신경의 위치에 집중을 한 후에 모든 것을 똑같이 한다면 과연 소리가 똑같이 날까?'에 대한 의문이다. 그래서 바로 실험해 보았다. 방금 전과 똑같은 소리를 내기 위해서 했던 신경의 위치, 들숨, 발성 이 세 가지를 똑같이 했더니, 정말 신기하게도 그 전의 소리와 똑같이 나오는 느낌을 받았다. 이 원리를 이해하고 나니깐 여러 가지 의문이 일단 풀리는 듯했다. 사람들이 노래를 부르다 보면 '어? 오늘 좀 잘되네'라고 누구나 생각하는 날이 있다. 그리고 그 사람들은 다음 날에 '분명히 어제 잘됐으니 오늘도 노래방에서 똑같이 해보자'라고 생각하고 노래방에 가서 어제와 똑같이 부른다고 생각하고 노래를 부른다. 하지만 대부분의 사람들은 어제와 똑같은 소리가 나지 않을 것이다. 왜냐하면 이 원리를 적용하지 않았고, 오로지 결괏값만 생각했기 때문이다. 물론 나도 그랬다. 모든 사람들이 이렇게 느끼는 것이 어찌 보면 당연한 통과의례 같은 게 아닐까? 노래에 관심을 갖고, 모두가 잘하고 싶은 마음에 한 번쯤은 누구나 거쳐 가는 행동들이라고 생각이 된다. 이 발성에 대한 건 뒤편에 좀 더 자세하게 설명을 하기로 하고, 하여튼 그래서 난 너무나 신기했고 마치 내가 정말 위대한 발견을 한 것 같은 느낌이 들었다. 왠지 발성이란 분야에서 한 획을 그을 것 같은 느낌이었다. 그러나 또 하나 의문점이 든 게 있다. 선생님은 과연 어떤 생각을 하고, 신경을 어디에 집중을 했으며, 어떻게 소리를 내는 것일까에 대한 의문이었다. 그래서 다음 레슨 때 선생님에게 물어본 적이 있다. 선생님은 그 당시에 멀리 보고 마치 높은 곳에서 "야~ 호~"하듯이 발음을 한다고 했다. 선생님도 선생님 나름의 방법이 있겠지만 선생님은 일단 나처럼 세세한 부분까지 파고드는 스타일은 아니었고, 방법 위주로 알려주시는 선생님이다. 예를 들면 숨을 들이마실 때 턱을 열고 들이마시고, 이완된 상태를 유지하며 발음을 해야 한다. 이런 식의 방법으로 알려주셨다. 대개 보컬 쪽의 선생님들은 느낌적인 것을 위주로 알려주신다. 예를 들면 소리를 띄워라, 이미지를 그려라, 소리를 입 밖으로 빼내라 등등 좀 추상적인 것 위주이다. 추상적으로 가르치는 게 1차, 방법적으로 가르치는 게 2차라고 한다면, 나는 신경발성법을 적용해 1차와 2차를 합쳐 신경의 위치와 그에 맞게 숨 쉬는 방법, 소리 내는 방법 등을 종합해 3차 방법으로 생각했다. 나는 이렇게 세세하게 생각하는데 선생님에게 이런 세세한 부분까지 들어가서 이야기를 듣는다는 건 솔직히 무리가 있었다. 내가 선생님에게 듣고 싶은 답은 신경을 어디에 집중하고, 어떻게 숨을 들이마시며, 발음을 또 어디서 하고 등등 그냥 완전 나노 단위까지 쪼갠듯이 알려주시길 바랐지만, 발성을 이렇게 하는 사람은 솔직히 없을 것이다. 나를 제외한 그 누구도 이렇게까지 접근을 하진 않을 것이다. 이 정도로 생각한다는 것은 정말 미치지 않고서야 할 수 있을까 하는 의문이 들 정도니깐 말이다. 그래서 결국 혼자와의 싸움인 듯 나를 계속 파내기 시작했다. 그리고 선생님의 레슨이 있을 때면 내가 생각하고 찾아냈던 결괏값인 소리를 들려줬지만 대답이 좋은 편은 아니었다. 하지만 포기하지 않고 방에 틀어박혀 '소리를 어떻게 하면 더 가볍게, 탄탄하게 낼 수 있을까'를 계속 생각하는 와중에 또 문제가 발견됐다. 바로 파사지오가 연결이 안 된다는 것이었다. 파사지오에 대해 다시 설명하자면 고음역대에서 음이탈이 나는 특정 구간이 있는데, 발성은 그곳을 부드럽게 넘어가기 위해 배운다고 해도 과언이 아니었다. 파사지오를 넘기지 못하는 난 아직도 발성에 통달하지 못했다고 생각을 하며 이 소리, 저 소리를 확인해 보기 위해 고함을 꽥꽥 질러댔다. 그렇게 하루, 이틀 계속 연구하고 눈을 떠서 감을 때까지, 꿈속에서까지 발성에 대한 의문을 계속 품었다. 정말 미친놈인 것 같았다.

우리 집이 생겼어요

어느 날 고향에 계신 부모님의 전화가 왔다. 부모님이 집을 샀다는 것이다. 사실 우리는 그동안 월세에 계속 살고 있었다. IMF 이후로 빚 갚는 것과 밥 먹고 사는 것에 급급한 나머지 우리의 집을 사는 건 큰 꿈이었다. 가게도 장사가 잘 안돼서 여러 곳으로 옮겼고, 집도 이사를 많이 했었다. 이번에 부모님이 집을 샀다는 얘기를 들으니 너무나 기분이 좋았다. 드디어 우리 집에도 봄이 오듯 행복이 찾아오는 것만 같았다. 그래서 오랜만에 고향에 내려가 우리 집을 봤는데 생각보다 너무 근사한 집이었다. 집 앞에는 작은 주차 공간이 있었고, 그 앞으로는 작은 텃밭 같은 것도 있었고, 작은 창고 같은 것도 있었다. 텃밭은 엄마가 제일 좋아했고, 아빠는 작은 창고가 있는 걸 좋아했다. 너무 행복한 부모님들의 표정을 보니 나까지 기분이 좋아지는 것 같기도 했고 곧이어 신기한 이야기도 듣게 됐다. 이 집을 사기 전에 살던 집주인의 동생분께서 무당이셨는데 돌아가신 우리 할머니가 기도를 많이 하고 있었다고 그랬다. 그 이야기를 들으니 난 속으로 '우리 할머니가 자식들 고생하지 말라고 기도를 많이 해주신 건 아닐까?'라고 생각하면서 예전에 할머니와 같이 살았던 나날들을 떠올리며 그리워했다. 많이 어리고, 철없고, 속만 썩게 만들었던 나의 어린 시절을 있는 그대로 받아주신 우리 할머니가 하늘에서까지 잘되라고 도와주시는 것 같아서 많이 감사하면서도, 무언가 슬픈 감정이 들기도 했다. 할머니의 기도가 있는 이 집에서 앞으로 부모님이 행복하게 오래오래 아프지 않게 사셨으면 좋겠다. 할머니 감사합니다. 그렇게 고대하던 우리만의 집에서 오랜만에 편안함과 함께 행복한 기분도 느끼고, 맘껏 여유도 부려보며 지내면서 마음이 안정됐다. 어차피 경기도에 올라가서도 불안하거나 급한 건 없었지만 말이다. 집 떠나면 개고생이라던가, 아주 지극히 맞는 얘기이다. 그러나 고생도 해봐야 철도 든다고 생각하기에 너무 편하게만 사는 것도 좋지 않다고 생각한다. 이렇게 따스한 햇살을 받으며 부모님의 정성이 든 밥과 아늑하고 든든한 집에 있으니 솔직히 경기도로 가고 싶지는 않았다. 내 집은 원룸인 데다가 돈 아낀다고 라면만 먹고 살았으니깐 말이다. 그러나 고향에 있는 것도 썩 완전 좋은 편은 또 아니다. 뭐랄까, 자유가 없는 느낌이

랄까나? 그래서 경기도로 다시 올라가고 싶은 마음도 내 마음의 한편에 자리 잡고 있었다. 그렇게 며칠을 고향에서 지내고 다시 열심히 발성을 연습하기 위해 고향을 등지고 경기도행 버스를 타고 올라갔다. 앞으로의 큰 시련이 올지도 모른 채 말이다.

또 하나의 큰 벽

난 다시 경기도로 올라와 발성 학원을 꾸준히 다니던 중 나의 제일 큰 문제를 알아버렸다. 숨을 들이마시고 얼마 지나지 않아 자꾸 트림이 나오려고 하는 문제였다. 나는 이게 점점 더 심해지는 듯해서 왜 자꾸 이런지 궁금해서 선생님에게 물어봤다. 그리곤 충격적인 얘기를 들었다. 선생님이 "영운 씨만 그래요"라고 대답해 주셨기 때문이다. 다른 레슨생들한테는 이런 증상이 없다고 얘기하셨다. 그래서 혹시나 해서 내 몸에 문제가 있는 줄 알고 여러 병원에 가서 검사를 했었다. 제일 처음에 간 이비인후과에서는 나보고 왼쪽 성대가 마비됐다고 했다. 그래서 큰 병원에 가라고 소견서를 써주셨었는데, 큰 병원에 예약을 하고 가려면 적어도 일주일은 걸렸다. 그래서 난 그때부터 내 왼쪽 목을 유심히 느끼면서 관찰하기 시작했다.

침을 삼킬 때 왼쪽에는 움직이는 감각이 없었으며 혀를 뒤로 당길 때 엄청난 고통이 느껴졌다. 이것 때문인가 싶어서 스스로 고통이 없어질 때까지 혀를 계속 뒤로 당기면서 나름 나만의 재활 치료를 계속했다. 그랬더니 숨 쉬는 게 전보다 살짝 나아진 듯한 느낌이 있었다. 원래 어떤 느낌이었냐면 목욕탕의 탕 속에 들어가 물에 목까지 담그면 목이 답답한 상태, 그 상태가 나의 평소 상태였다. 이런 답답한 상태로 발성을 하고 노래를 하려니 발성이 안 되고, 노래가 안 되는 것은 당연한 결과였다. 혀를 뒤로 당겨서 고칠 수 있는 부분까지는 고쳤는데, 더 아픈 부분이 있을까? 하는 의문이 들어서 화장실에서 손을 깨끗이 씻은 후 손가락을 입안에 넣어 혀 뒷부분을 눌러보았다. 젠장, 무진장 아픈 것이었다. 아픈 곳을 손으로 계속 눌러 자극을 했더니 마치 멍든 곳을 누르는 것 같은 느낌이었지만, 제일 처음 혀를 뒤로 당겨 아픈 부분이 나아졌기에 이곳도 계속 눌러서 자극하다 보면 나아지지 않을까 하는 마음에 계속 눌렀다. 꽤 많이 자극을 하고 나는 학원의 방에 다시 틀어박혀 여느 때와 다름없이 소리를 연구하기 시작했다. 근데 뭔가 이상했다. 내 목소리가 조금 다르게 나오고, 숨 쉬는 느낌이 살짝 달라졌다. 난 이런 결과가 나온 이유가 아팠던 혀, 고장이 났던 혀를 조금이라도 치료했기 때문이라고 바로 결론을 내렸다. 그렇게 계속 다시 연습을 하고 하루빨리 시간이 지나서 큰 병원에서 검사받는 날이 되기를 기다렸다. 그렇게 큰 병원에 가서 검사를 받는 날이 됐고 떨리는 마음에 '혹여나 암이진 않을까, 죽는 병은 아닐까?' 하며 걱정을 했다. 손에 땀이 엄청나기를 한참이 지난 후에 내 차례가 됐다. 그리고 비장한 얼굴로 이비인후과 소견서를 보여주면서 마치 사형선고를 받는 사람인 것처럼 불안해했다. 의사 선생님은 나에게 내시경을 한번 해보자고 하시곤 내 코에 내시경 카메라를 쑤욱 넣었다. 그리고 속으로 생각했다. '분명히 성대마비야. 그러니까 발성이 잘 안되고, 숨도 이상하게 쉬는 거야'라고 말이다. 사실 큰 병원에 오기 전에 성대마비에 대해서 열심히 인터넷을 뒤져봤다. 성대 내전근이 어쩌고, 외전근이 어쩌고 하는데, 쉽게 얘기하면 성대가 붙은 상태로 고장이 날 수도 있고, 떨어진 상태로 고장이 날 수도 있다는 것이었다. 난 그리고 추측했다. '성대가 벌어져서 마비가 오면 분명히 숨은 잘 쉬지만 목소리가 잘 안 나올 것이기에 성대가 붙은 상태에서 마비가 왔을 거야, 그래서 성대가 붙어 있기에 식도가 열려 있어서 숨을 들이마실 때마다 공기가 식도로 넘어간 거야'라고 나름 논리적으로 말이다. 그러나 결과는 웃겼다. 성대가 멀쩡하다는 것이다. 그리고 난 의아한 마음에 '뭐지? 돌팔이인가?'라고 의사를 의심했다. 큰 병원의 의사인데도 말이다. 하여튼 난 여러 검사를 많이 해봤고 전부 정상으로 멀쩡하게 나왔다. 결과를 들을 때마다 고칠 수 없을 것 같다는 생각들이 나에게 비수처럼 꽂혀서 마음에 상처를 입었다. 너무 큰 충격이었다. 그래서 어쩔 수 없이 집에서 혼자 재활치료를 하면서 아픈 곳이 있으면 안 아파질 때까지 계속 자극을 했다. 왠지 이 아픈 곳을 멀쩡하게 전부 되돌려 놓으면 난 평범하게 다른 사람들처럼 숨을 쉴 수 있을 것만 같았기 때문이다. 그렇게 자극을 몇 날 며칠을 하여 여러 군데가 멀쩡하게 되어 조금 호전이 되긴 했으나 애석하게도 공기가 식도로 넘어가는 건 똑같았다. 평범하게 숨을 쉴 수 있는 남들과 너무도 다른 날 보면서 "왜 나한테만 이런 일이 일어나는 걸까? 왜 내가 하고 싶은 것만 죄다 이렇게 안 되는 거지?"라면서 신세한탄을 했다. 내가 왜 이런 호흡장애 증상이 생겼는지는 원인은 알지 못했다. 추측하기로는 치아교정을 할 때 마취약이 신경을 건드렸든가, 아니면 일병휴가 때 물에 빠져 몸이 고장 나서 그렇게 됐거나 하고 열심히 스스로에게 질문했지만, 답은 당연히 알 수가 없었다. 너무 심하게 낙심한 탓에 담배도 한번 피워봤다. 인생이 너무 나에게만 불행한 것 같았기 때문에. 하지만 금방 정신을 차리고 아직 포기하기엔 이르다고 생각했다. 왜냐하면 나에겐 엄청난 열정과 끈기 및 아직 남은 돈과 시간이 있었으니깐. 더욱더 열심히 학원을 다니면서 치료도 병행하며 정점에 대한 갈망으로 발성의 끝에 다다를 수 있을 것 같은 마음이 나의 좌절감을 덮었다. 그 이후로 난 더욱 열심히 재활치료와 발성에 빠져서 사는 계기가 됐고, 이놈의 발성한테 절대 지지 않으리라고 다짐을 했다.

나의 돈은 한 달에 최소한 100만 원 이상이 빠져나갔다. 월세, 전기세, 가스비, 핸드폰비, 교통비, 생활비, 식비, 학원비 등등을 사용해서 말이다. 정말 아끼고 아낀 것도 저 정도였다. 옷은 있는 옷을 계속 돌려 입었고 겨울에 입던 패딩은 내가 고등학생 때 큰누나가 사준, 거의 6~7년 된 구스다운 파란색 경량패딩과 2년 정도 된 붉은 계열의 패딩으로 등에 양털이 달려 있어 따뜻한 패딩이 있었다. 신발도 한 3년 정도 됐었지만, 옷을 사는 사치를 부릴 순 없었다. 평소에 밥은 학원에 갈 때 지하철에서 파는 천 원짜리 김밥 한 줄을 먹었고, 저녁에는 집에서 라면 하나를 끓여서 먹고 잤다. 가끔 주말에 친구를 만나거나 지인들을 만날 땐 맛있는 것을 사 먹기도 했다. 생활비와 식비를 제외한 나머지 금액은 거의 75만 원 돈이 나갔다. 식비로 한 달에 10만 원을 더했을 경우 85만 원 정도이니깐, 거의 20만 원 정도는 지인을 만날 때나 아니면 혹시 가끔 맛있는 것이 먹고 싶어질 때 사용했다. 그래도 나름 엄청 아끼고 살았으나 통장에서 돈이 훅훅 빠져나갈 때는 이 돈이 마냥 아깝지만은 않았다. 원래 돈에 크게 미련을 갖고 있지 않았기도 했고, 내 꿈을 위해서 사용되는 돈이었으니 말이다. 그렇게 한 달, 2달, 3달이 지나 시간은 계속 하염없이 흐르고 있었고 내가 열심히 땀을 흘려 모았던, 노력으로 쌓았던 돈은 그렇게 오랜 시간 나를 지탱해 주진 못했다.

첫 번째 꿈

2016년 10월쯤 굉장한 꿈을 꿨다. 꿈의 내용은 이렇다. 나는 누군지 모를 2명과 함께 자전거를 타고 있었다. 그런데 갑자기 눈앞에 마치 만화에 나오는 최종 보스 같은 느낌의 검은 흑룡이 나와서 우리를 위협했다. 너무 무서워서 막 도망가려고 했지만 발에 힘이 잘 안 들어갔다. 온 힘을 다해 도망을 쳤고 나와 다른 한 명은 그곳에서 벗어날 수 있었다. 그러면 다른 한 명은 어떻게 됐냐고? 서글프게도 다른 한 사람은 잡아먹히고 말았다. 그리곤 꿈에서 깼다. 뭔가 이상함을 느끼고 혹시 좋은 꿈인가 하여 학원을 갈 때 버스정류장 바로 옆에 복권을 파는 마트에서 복권을 구매하기로 마음을 먹고, 복권을 사기 위해 집에서 버스정류장으로 향했다. 그리곤 발성에 대한 생각을 골똘히 하다가 복권을 산다는 것을 까맣게 잊은 채 아주 자연스럽게 버스를 타버렸다. 타고난 이후에 깜빡했다는 생각이 난 것이다. 그래서 그냥 학원에서 돌아오는 길에 사자고 생각하고 곧바로 학원으로 향했다. 학원에서 열심히 연습을 하고 돌아온 난, 또다시 깜빡하고 복권을 못 샀다. 건망증이 열심히 일을 했나 보다. 그날은 금요일이었고, 다음 날인 토요일에 일어나서는 살까? 말까? 고민을 하다가 하루가 지나서 그냥 복권을 안 사기로 하고 평소와 같은 일상을 보냈다. 그런데 놀라운 일이 일어났다. 그다음 주 월요일에 학원을 가던 중 버스정류장 옆 복권 파는 곳의 문에 하얀색 종이가 하나 붙어 있었다. 복권 2등이 당첨됐다고 아주 큰 글씨로 붙여놓은 것이었다. 그리고 난 그 종이를 보고 속으로 욕을 했다. '이런 젠장, 원래 그거 내가 당첨돼야 하는 건데'라면서 말이다. 역시 되는 일이 하나도 없었다. 꿈 얘기를 해서 그런데 예전에 이런 꿈도 꾼 적이 있다. 내가 경기도에 올라와 초반에 기숙사에서 생활할 때 꾼 꿈인데, 꿈에서 할아버지가 나왔고 나에게 번호 6개를 알려주었다. 나는 그게 로또 번호라고 느낌적으로 알 수 있었고, 그것을 열심히 기억하려고 노력했으나 3개 정도는 기억나지 않았다. 그래서 일단 핸드폰에 옮겨 적고 3개의 번호가 무엇인가 곰곰이 생각해 보다가 그냥 왠지 이 숫자였을 것 같은 거를 핸드폰에 적어놓았다. 그리고 로또를 사러 가서 꿈에서 나온 번호와 내가 추측한 번호를 조합하여 로또를 구매했다. 시간이 지나 확인하는 날이 돼서 떨리는 마음에 확인을 해보니 5등도 당첨이 되지 않았다. 개꿈이었나 보다. 하여튼 그래서 그 후로 난 뭔가 괜찮은 꿈을 꿀 때마다 복권을 샀지만 전부 꽝이었고, 그렇게 나의 흑룡 꿈은 지인들에게 영원히 회자될 에피소드가 됐다. "야~ 내가 예전에 흑룡 꿈을 꿨는데 내가 매일 타는 버스정류장 앞에서 로또 사려다가 깜빡하고 안 샀거든? 근데 다음 주에 거기서 2등이 나왔잖아! 크… 그거 원래 내 거였는데 말이야" 하면서 말이다. 씁쓸하다. 만약 그게 당첨이 됐으면 발성을 연구하는 데 큰 기여를 했을 텐데 말이다.

내가 일을 관두고 학원에만 올인한 지 벌써 5개월이 됐다. 열심히 연습하고 재활치료도 했지만 조금의 호전만 있었을 뿐 증상은 여전했다. 내가 누구보다 열심히 발버둥을 치더라도 누군지 모를, 평범한 연습을 하는 사람이 나를 그냥 획획 제쳐서 지나갔다. 이제는 신세한탄도 하지 않았다. 모든 것이 조금 무력해졌고, 기분이 다운돼 있었다. 이럴 땐 대학 친구인 연서와 만나서 수다를 떨어서 기분을 덜어내야 한다. 그래서 오늘은 연서와 만나서 닭발에 맥주 한 잔을 들이켰다. 연서도 나름 이때 스트레스를 많이 받았었다. 그래서 어깨와 목을 많이 아파했고, 스트레스 때문에 토도 많이 하고 그랬단다. 이때 연서는 회사의 상황이 좋지 않아 자기의 월급까지 깎아가며 회사에 헌신을 했다. 그런데 이 회사는 이런 연서를 오히려 역으로 이용하는 것이었다. 월급을 깎더니 결국엔 주지 않았고, 나중엔 적반하장으로 막 나가기도 했다. 이런 상황에서도 연서는 긍정적으로 열심히 살고 집의 월세를 내기 위해, 식비를 충당하기 위해 퇴근하고 아르바이트를 하는 등의 열정을 보여줬으며, 또 자기의 상황도 여의치 않으면서 자기가 쓸 돈을 아껴서 내가 잘 못 먹고 다닌다고 간식거리, 먹거리 등을 사줬다. 이때 연서는 하루에 2시간을 자면서 무려 쓰리잡을 했다. 쓰리잡을 하면서도 가끔 물류센터에 가서 아르바이트를 하기도 했지만 거기서도 돈을 제대로 받지 못하는 경우도 있었다. 그런 이야기를 들으니 세상에는 정말 나쁜 놈들밖에 없는 것 같다는 생각이 들기도 했다. 이런 상황에서도 내가 못 먹을까 봐 걱정을 해주는 친구인데 내가 어떻게 잘 안 해줄 수가 있느냔 말이다. 그래서 나도 내가 쓸 돈을 아껴서 연서를 위해 마트에 가서 간식거리, 먹거리, 라면 등등을 사주곤 했었다. 우리는 서로 힘들 때 자신보다 상대방을 위해서 계속 무언가를 해주었다. 그러니 소중한 친구가 될 수밖에 없었다. 그렇게 이날 우린 조금의 신세한탄을 하며 서로를 다독여 주었고, 다운된 기운을 북돋아 주도록 닭발과 맥주를 우걱우걱 먹고 주먹밥도 맛있게 먹었다. 부디 서로 성공해서 맛있는 거 많이 먹을 수 있고, 모든 일이 잘 풀리길 정말 간절히 바랐다.

나에게 주어진 시간

내가 일을 관둔 후 학원을 다닌 지 벌써 7개월, 한 해의 마지막 달이 됐다. 나는 여전히 학원에 콕 박혀 가만히 핸드폰을 볼 때도, 인터넷으로 쇼핑을 할 때도, 유튜브를 보면서 다른 사람들을 구경할 때도 연습실에 박혀서 했다. 7개월쯤 되니 나보다 늦게 온 사람들은 나보다 빨리 강사가 되는 자격증을 땄다. 확실히 나보단 낫다고 생각하셨겠지. 그래도 다른 분들은 파사지오를 넘길 수 있었을 것이고, 호흡장애도 없었을 테니까. 빨리 낫기를 바랐던 나의 호흡장애는 계속 심해져 가는 것처럼 느껴졌다. 분명히 목욕탕 물에 목까지 담갔을 때의 수압에 대한 압박감 같은 느낌은 나의 목에서 많이 사라졌다. 하지만 공기가 식도로 넘어가서 트림이 나오는 건 변함이 없었다. 노래를 시작하고 딱 숨을 세 번? 정도 마시면 트림이 차올라

목이 턱 막혀서 다음 숨을 들이마실 수 없는 수준이었다. 누워 있을 때도 마찬가지였다. 누워 있으면 원래 몸이 편해서 자연스럽게 복식호흡이 돼야 하지만 어느샌가 난 그렇지 않게 되었다. 누워 있을 때마저 나는 숨을 이상하게 쉬는 것 같다고 느꼈고, 잠을 자도 선잠을 자는듯한 느낌을 많이 받았다. 내가 계속 생각을 하고 신경을 써서 그런 걸까? 아니면 정말 계속 심해져서 그런 걸까? 나는 너무 스트레스를 많이 받았다. '이제 나에게 주어진 시간이 별로 없는데…'라고 속으로 몇 번이나 생각하면서 끝이 없는 한숨만 엄청 쉬었다. 이제 앞으로 나에게 주어진 시간은 7개월밖에 남지 않았다. 왜냐하면 7월에 집 계약이 끝나는 단순한 이유 때문이다. 집 계약을 1년씩 해야 했고, 내년까지 유지할 나의 통장에 돈이 부족했기 때문이다. 그렇다고 집에 손을 쓸 수도 없는 상황이다. 나름 민감해하는 문제니깐 돈에 대해선 집에 언급하고 싶지 않았다. 7개월 후면 나의 모든 게 끝난다는 사실에 한편으로는 허무함, 한편으로는 실패감, 또 한편으로는 회의감도 들었다. 내가 이쪽 길로 발을 들이지 않고, 그저 '그냥 돈을 모아서 사업을 했으면 어땠을까?' 하는 생각도 한번 해봤다. 사업을 한다면 사업 아이템으로 우리 엄마의 특급 돈가스 레시피가 있었기 때문에 실패할 것 같지는 않았다. 이런 생각을 잠시나마 하긴 했지만 역시 난 사업을 한다고 해도 나의 꿈이었던 목소리를 쓰는 직업을 가져보려고 도전을 많이 했었을 것 같왔다. '어떻게 보면 지금 오히려 혼신의 힘을 다해서 했고 나중에 포기하는 날이 오게 된다면 홀가분하게 내려놓을 수 있지 않을까?'라고 생각도 했었다. 이런 부정적인 생각 속에서도 최대한 긍정적인 생각을 끄집어내려고 안간힘을 썼다. 아직 포기하기엔 이르다. 나에겐 아직 7개월이란 시간이 있으니 조금 더 힘내보기로 했다. 그런 마지막 달을 보내고 한 해가 지났으니 벌써 난 27살이라는 적지 않은 나이가 됐다. 나름 열심히 살았던 것 같은데 딱히 한 건 없는듯한 느낌이었다. 20살에 군대에 갔다 와서 22살에 전역 후 23살에 공장 입사를 했고 돈을 모아 26살에 학원에 올인을 했었다. 결과적으로 보자면 좋진 않은 편인 것 같고 뭔가 허무한 20대의 초중반이었다. '다른 사람들도 다 이렇게 사는 건가?'라는 의문을 남겼다. 내가 예비군 훈련을 갔을 때 만난 옛고향 친구들은 그래도 나름 열심히 살아서 자격증도 따고, 적잖이 괜찮은 직업을 갖고 있었다. 그에 비해 난 자격증도 없었고, 많은 돈을 투자해서 얻은 발성도 완벽하지 않은 애매한 수준이었다. 그렇게 돌아보니 난 그냥 허송세월을 보낸 것만 같은 무기력함만이 나를 반겼다. 난 솔직히 20대 초반에 미래에 대한 생각을 할 때마다 굉장히 잘 살 줄 알았다. 돈도 나름 잘 벌고 경기도에 터를 잡고 평생을 평범하게 살 줄 알았다. 그러나 너무나 정반대였구나. 가끔 우리 매형들이 나에게 자주 해준 말이 있었다. "처남, 30살까지는 하고 싶은 것 해도 된다.

그러니 괜찮다"라고 말이다. 이런 매형들의 말들이 나에겐 은근히 응원이 되는 말이었고, 기운 나게 해주는 말이었다. 하지만 여전히 한편으로는 씁쓸한 마음이 자리하고 있었다. 성공을 하지 못했다는 좌절감 때문인 것 같았다.

정말 열심히 했지만 안타깝게도 난 7월까지 호흡장애를 고치지 못했고 고향으로 내려갈 준비를 해야 했다. 이제는 모두에게 마무리 인사를 해야 한다는 마음에 조금은 씁쓸했다. 내가 자주 가서 밥을 얻어먹고 인생에 대해 많이 의논하고 조언해 주신 만두 가게 행님과 이모와도 인사를 했다. 그리고 연서와도 마지막으로 만나 밥을 먹었다. 근데 연서가 또 고향으로 내려가는 날 위해 없는 돈을 탈탈 모아서 모자와 티셔츠를 선물해 줬다. 그걸 보니 정말 눈물이 날 것 같았다. 그렇게 나는 마지막으로 내가 살았던 집의 짐을 하나씩 치우기 시작했다. 짐을 모아 하나씩 택배로 보내고 나니 집은 금세 텅텅 비게 되었다. 아쉬운 마음을 뒤로 하고 내려가기로 한 날이 다가와 버스를 탔고, 버스를 타고 가는 도중에 연서와 통화를 했다. 통화를 하면서 주마등처럼 옛 기억이 하나둘씩 떠올랐다. 그리곤 감정이 올라와 조금은 울컥하기도 했다. 나는 실패한 건가? 누구보다 열심히 노력하고 포기하지 않으면 다 될 줄 알았는데, 꼭 그런 것만은 아닌 것 같구나. '그래도 타지에서 지내면서 지인들도 많이 생겼으니 밑바닥까지 내려간 건 아니지 않을까, 다시 돌아올 수 있을까?' 하는 부정적인 생각들을 버스 안에서 한참 동안 했다. 그래도 가끔 내가 고향에서 수도권으로 답답했던 마음을 풀고 싶어 올라왔을 때 그동안 살면서 지내왔던 지인들과 만나 이러쿵저러쿵 얘기를 하면 답답한 마음도 많이 해소될 것이라고 최대한 나의 마음을 안정시켰다. 하여튼 그렇게 경기도에서의 삶은 끝이 났고, 속으로 이렇게 말했다. '이제 안녕이구나, 잘 지내고 갑니다'

잠시 되돌아온 시간

오랜만에 다시 고향 땅을 밟으니 마음이 다시 무거워진 듯했다. 고향의 공기는 내가 어릴 때부터 느끼고 맡았던 향기처럼 그리운 듯이 나를 반겨주었고 경기도보다 훨씬 맑고 좋았다. 내가 고향으로 내려온다고 하니 아빠가 차로 마중을 나오셨다. 차에 타고서는 뭔가 성공하고 돌아오지 못해 죄송한 마음이 많이 들었지만 여전히 나의 얼굴은 씩씩한 척, 쿨한 척 포커페이스를 유지했다. 이런 모든 일들을 다 꿰뚫어 보셨다는 듯 아빠는 나에게 별다른 얘기를 하진 않았고, 평소와 다름없이 나에게 대하듯이 편하게 대하셨다. 돈 많이 벌어서 더 이상 돈 걱정을 할 필요 없이 살 정도로 성공해서 효도하고 싶었는데 일이 그렇게 쉽게 풀리진 않았다. 엄마는 또 내가 내려왔다고 맛있는 것을 잔뜩 해주셨다. 이런 게 고향에 부모님의 품이 아닐까? 따뜻하면서 실패해도 언제나 두 팔을 벌려 안아주며 괜찮다고 다독여 주는 분위기를 내어주는 곳, 마음 편히 있을 수 있는 곳 말이다. 내가 집에 돌아와서 밥 먹고, 평소처럼 지낼 때도 부모님은 내가 경기도에서 일을 관두고 한 것에 대한 이야기는 하지 않으셨다. 괜히 신경 쓰일까 봐 그랬을 수도 있고, 아니면 그저 믿어주셨을지도 모른다. 그리고 고향에 살고 있었던 청원경찰을 준비하는 친구도 날 비웃는 듯 괜찮다며 응원한다는 식으로 놀려댔다. 내가 고향에 내려와도 경기도에서 살았을 때만큼 날 부축해 주고, 어깨를 빌려줄 수 있는 사람들이 있음에 위로가 많이 됐다. 그리고 며칠 편안하게 마음 놓고 쉰 후에 다시 발성 연습을 죽어라 해보자고 다짐했다. 아직 끝나지 않았으니 말이다.

2017년 10월 추석이 다가왔다. 그리고 그다음 날이 나의 생일이다. 내가 고향에 내려오고 추석이라는 명절 속에 행복한 분위기를 이어가면 내 생일이 있다. 명절이라 큰누나네, 작은누나네도 함께 다 모인다. 이번에는 수원에 살고 계시던 이모부도 내려오셔서 너무나 기분이 좋다. 이모부는 너무 재밌고, 좋은 분이다. 경기도에 있을 때 자주 이모부 집에 놀러 가곤 했는데 항상 가면 고향에 돌아온 듯한 느낌으로 이모부와 이모, 그리고 사촌 동생들이 날 아주 반갑게 반겨줬었다. 맛있는 것도 많이 사주셨다. 그렇게 추석에 오랜만에 가족들이 모여 고향 특산물도 먹고, 제사 음식도 먹곤 했다. 사실 명절에 우리 집이 큰집이지만 다른 친척들은 오지 않는다. 작은 아지야는 내가 어릴 때 돌아가셨고, 큰 아지야는 우리 가족과 사이가 좋은 편은 아니라서 할아버지가 돌아가신 후 거의 만난 적이 없다. 그래서 명절이 다른 집들과 달리 아주 시끌시끌한 분위기는 아니고 가족끼리 오랜만에 만나는 편안한 날이다. 친척들이 오지 않아서 나는 잔소리를 들을 일이 별로 없다. 그건 아주 좋은 것 같았다. 연서네 집은 명절 때 정반대라고 하더라. 친척들이 많아서 일단 가면 "결혼은 언제 하냐, 돈은 잘 버냐, 남자 친구는 몇 살이냐" 등등 잔소리 때문에 눈치가 보인다고 그랬다. 뭐 어떻게 보면 저렇게 눈칫밥 먹으면서 명절 보내는 것보다는 우리의 명절도 나름 괜찮다고 느껴졌다. 그리고 난 어릴 때 이미 눈칫밥을 많이 먹어서 배가 아주 부른 상태니깐 더 이상 안 먹어도 될 것 같았다. 누나네들이 집에 오면 조카들이 완전 쿵쾅쿵쾅 재밌게도 뛰어다니는데 뭐가 그렇게 재밌는지 보는 우리가 다 숨이 차고 힘이 든 적이 많다. 아이들의 지치지 않는 모습을 보니 문득 '나도 어릴 때 저랬겠지?'라는 생각이 들었다. 애기들이 뛰어다니고, 울고, 싸우고, 어지럽히고 하는 걸 보면 아빠랑 엄마도 우리들을 키웠을 때 고생깨나 했다고 생각을 하게 만들기도 했다. 그렇게 우당탕한 날이 지나고 다음 날이 되자 이모부와 누나네들은 아침밥을 드시고 오후에 다시 본가로 돌아가셨고 오랜만에 시끌시끌했던 우리 집에 다시 평온이 찾아왔다. 어지럽혀져 있던 장난감과 물건들을 제자리로 옮기고, 바닥 청소와 설거지를 하면 다시 평범한 우리의 일상으로 돌아왔다. '그래도 역시 가끔은 시끌시끌하며 사람이 북적거리는 것도 나쁘진 않은 것 같다'고 생각하며 조용한 집 안에서 낮잠을 청한 하루였다.

너의 이름은!

또 알 수 없는 원인의 병이 하나 생겼다. 얼굴에 갑자기 파인 흉터가 생기기 시작했다. 여드름이 난 것도 아니었고, 손으로 얼굴을 건드리지도 않았다. 오전에는 없었던 흉터가 저녁에 갑자기 생기고 그랬다. 흉터의 길이는 최소 1cm, 넓이는 작은 10원짜리 동전 정도의 넓이였고, 깊이는 아주 얕게 0.1mm 정도 아래로 피부가 꺼지는 듯한 흉터였다. 이런 게 얼굴에 군데군데 나기 시작했다. 부모님이 멀쩡하게 이목구비도 뚜렷하게 낳아주셨는데 내가 내 몸을 망치고 있는듯한 느낌이 들었다. 왜 나한테 이런 힘든 시련만 주는지 알 수 없었다. 인터넷에 검색해 보니 딱히 무슨 병이라고는 나오지 않았다. 그러나 나와 같은 증상을 호소하는 사람이 은근히 몇몇 있었다. 인터넷을 찾아보던 중 나와 똑같은 증상을 갖고 있는 분들이 있는 대화방이 있기에, 거기에 들어가서 "나도 이렇고, 여기에 흉터가 또 생겼고" 등등의 한탄을 하는 대화를 많이 했었다. 그 방에서 알아낸 건, 이 알 수 없는 피부가 꺼지는 현상은 병원에서는 치료가 불가능하고, 지속적으로 계속 생기며, 때로는 시간이 지나서 호전이 되는 부분도 있다는 것이다. 하지만 호전이 안 되는 부분이 더 많은 것 같았다. 그래서 대화방을 만든 사람이 원인을 찾아보고자 설문지 같은 걸 만들어서 공통점을 찾아보고자 했더니 딱히 공통점이 나오진 않았다. 그래서 그 방에 있는 나와 또 다른 사람들은 각자 고통을 호소했고, 시간이 지나자 그냥 거의 반포기 수준까지 됐다. 그렇게 내 얼굴은 살짝 곰보 피부처럼 얼굴에 흉터가 조금씩 생기기 시작했다. 그리곤 세상이 너무나도 나를 힘들게 하는 것 같았다. '정말 숨 쉬는 것도 힘들고, 피부도 날 힘들게 하고, 일이 이렇게 안 풀릴 수가 있을까?' 하는 의문이 들기도 했다. '정말 우울증에 걸린다면 이런 느낌일까?' 하며 한숨을 푹 내쉬었다. 숨 쉬는 것은 점점 더 심해지기도 했고 나를 많이 괴롭혔다. 더욱 힘든 것은 내가 누워서 잘 때조차 그랬다는 것이다. 누워서 잘 때면 뭔가 불안한 마음이 자꾸 엄습해 와서 숨을 자꾸 수동적으로 쉬게 되고, 배는 자꾸 꼬르륵거리고, 방귀는 자주 나왔으며 잠을 자려고 하면 잠이 오지 않았다. 정말 너무 심한 경우엔 간신히 눈을 붙여 억지로 잠을 잤으나 30분~1시간 정도 지나 갑자기 배에서 꼬르륵거리더니 너무 피곤함에도 불구하고 눈이 갑자기 팍 떠지기도 했다. 그리곤 엄청 피곤한 듯 눈이 무겁고, 눈 안에 돌이 들어 있는 듯 피곤함에 절어 있는 것 같기도 했다. 그러다 갑자기 한 1분 만에 그 피곤한 눈이 멀쩡해지듯이 피곤함이 사라지곤 했다. 이런 상황이 올 정도로 심각하게 변한 것이었다. 정신적으로 너무 스트레스를 받았고, 이러다가 진짜 정신병에 걸릴 것만 같은 수준이었다. 그래서 난 어떻게든 이 병을 고쳐야겠다고 마음을 먹었다. 내 몸과 내 마음을 지키기 위해서 말이다. 그리고 난 이 증상을 최초로 '경직적 호흡장애(호흡장애)'라고 지칭하였다.

호흡장애 치료를 계속 연구했더니 아주 놀랄만한 것을 발견했다. 일단 호흡장애가 있으면 식도가 열려 있기 때문에 공기가 식도로 넘어가게 되고 그리하여 위장에 공기가 계속 차게 되면 몸에서 자동적으로 긴장이 유발되고, 위장에 일정량의 공기가 차게 될 경우 트림으로 나오게 된다. 그러나 만약 내가 주변 환경 때문에 트림을 할 수 없는 상황이라서 트림을 참게 된다면 몸에서 더 이상 트림을 하지 않게 막아버리듯이 트림이 나오질 않는다. 그러면 이제 위장에 있던 공기는 소장, 대장으로 내려가 배에서 공기가 움직여 꼬르륵, 꼬르륵 소리가 나게 되며 끝에는 방귀로 나오게 된다. 공기는 위로 올라가려는 성질이 있기 때문에 누워 있을 때에는 식도가 가로로 돼 있어서 트림이 나올 수가 없고, 그렇기에 위장에 있던 공기가 소장, 대장으로 내려가는 것이 필연적이므로 꼬르륵, 꼬르륵거리며 움직이는 소리를 내다가 방귀로 나오게 된다는 것이다. 공기가 위장에 들어가게 되어 무의식적으로 몸에 긴장이 되면 집중력이 떨어지고, 머리가 멍해지며, 심할 경우 눈부심이 심해지는 경향도 나타난다. 여기에 방귀까지 참게 된다면 뱃속에 있던 공기는 트림으로도 방귀로도 나가지 못해 계속 배에 차게 되어 배가 엄청 많이 나올뿐더러 무의식적으로 긴장이 되기 때문에 위에 나열한 증상들이 더욱 심해지게 된다. 또한 숨을 코로 쉴 때는 콧속에서 시원함을 느끼며 공기가 계속 들어오고 일정량이 들어왔음에도 불구하고 몸에서 호흡을 멈추지 않는다면 호흡장애가 있는 것이라고 추측할 수 있다. 정상으로 호흡하는 코호흡은 시원하게 코로 들어오는 것은 없으며, 오히려 숨이 코 밖에서 엄청 짧게 들어오는 느낌과 한계가 있다. 마치 '내가 숨을 코로 들이마셨나?'라고 의심이 들 정도로 말이다. 그렇게 숨이 짧게 들어오곤 하지만 가장 중요한 건 내 몸이 편안함을 느낀다는 것이다. 그러니까 코로 호흡할 때 만약 시원하게 느껴진다면 식도가 열려 있을 확률이 크다. 그 상태로 계속 여러 번 코로 숨을 들이마시다가 보면 결국엔 배가 갑자기 부풀어 오를 것이고, 갑자기 트림을 하게 될 것이다. 어떻게 이렇게 잘 아냐고? 내가 이렇게 잘 알 수 있는 것은 호흡장애가 호전이 되면서 증상의 전, 후를 비교할 수 있었기 때문이다. 또 공기가 계속 소장, 대장으로 내려가 꼬르륵거리는 증상이 많아질수록 공기가 몸 밖으로 나오기 위해 소장, 대장을 이리저리 움직일 것이고, 그것 때문에 대변이 굵게 뭉쳐지는 일이 드물 것이다. 아마 묽은 변이나, 얇은 변을 볼 확률이 높다. 다시 한번 정리하자면 정상적인 코호흡은 생각보다 숨이 많이 들어오지 않으며 한계가 있고, 시원하게 들어오지는 않는다. 시원하게 들어온다는 것은 식도가 열렸다는 뜻이며, 지속될 경우 위장에 공기가 계속 차서 복부팽만증처럼 배가 불러온다. 그러면 공기가 밖으로 나가기 위해 트림으로 나오거나 방귀로 나오는데 방귀로 나올 경우 소장, 대장에서 꼬르륵거리며 움직인 끝에 방귀로 나오지만, 그것 때문에 변이 잘 뭉쳐지지 않는다. 이렇게 위에 간단하게 정리한 것이 호흡장애가 있을 확률이 높은 특징들이다.

나는 목의 왼편 경직이 된 부분이 많았다. 재활치료 및 치료 발성을 하면서 왼쪽 목에 고통이 더 많았기 때문에 알 수 있었다. 그리고 입안을 자세히 관찰해 본 결과, 입안의 목젖 뒤편에 '입천장인두활'이라는 부분이 좌우로 있는데 나는 왼편이 움직이질 않았다. 그 입천장인두활이 경직돼 있어서 나에게 호흡장애가 있었다고 추측을 하고 있다. 입천장인두활에 대한 치료를 위한 방법을 인터넷에 열심히 찾아봤지만 딱히 있지는 않았다.

인터넷에서 찾던 도중에 알게 된 중요한 사실은 사람들 중에 호흡장애를 가진 사람이 생각보다 많다는 것이다. 많은 분들이 인터넷에 배에 가스가 차고, 숨이 수동적으로 쉬어지고, 불면증에 걸리고 하는 증상들에 대한 질문을 하기도 하는데, 이것들이 호흡장애와 연관이 있다는 것을 모른다. 오로지 나만 증상의 원인과 치료 방법을 알고 있는 것이었다. 또 병원에 가도 치료를 할 수 없다는 게 가장 큰 문제였다. 현재로서는 병원에 가서 배에 가스가 찬다고 하면 이렇게 말을 할 것이다. "가스가 많이 차는 음식을 드셨거나, 원래 몸에서 가스를 많이 만드는 스타일이다" 등 이런 식으로 답변을 받을 확률이 높다. 정말로 가스가 많이 차는 음식을 먹었을 수도 있고, 가스를 많이 만드는 스타일의 몸일 수도 있다. 그러나 그 모든 게 호흡장애 때문에 일어나는 증상일 확률도 높다. 결국 병원에서는 아직 이것이 공기를 삼키게끔 변형된 내 몸 상태 때문에 일어나는 증상인지는 모르는 것이다. 그래서 아직까지는 병원에서 검사하는 기계가 딱히 있는 것도 아니기에 나처럼 미친놈처럼 발성을 연구하다가 호흡장애에 대해 우연히 알게 되고, 치료하기 위해 엄청난 시간을 투자한 끝에 호전이 되어 전과 후를 비교하는 일은 있을 수가 없었다. 그러니깐 모를 수밖에 없었다. 그래서 난 고장 나버린 입천장인두활을 움직이는 방법을 연구했고, 호흡장애를 발성으로 재활치료 할 수 있다는 것을 알게 됐다. 그러나 쉽게 고쳐지진 않았다. 입천장인두활과 혀의 뒷부분, 왼쪽 목 등등 주변의 근육들이 다 경직이 돼 있었고 치료를 하는데 눈물이 날 정도로 상당한 고통이 따르는 부위도 있었다. 신기하게도 왼쪽의 아픈 부분들을 발성으로 치료할 때면 피부가 리프팅이 돼서 탄력이 돌아오는 경우도 있었고, 예전에 얼굴에 파였었던 피부들도 많이 살이 차오르는 기적을 보여주기도 했다. 치료를 하면서 아주 가끔 혹시 모를 기적이 일어나서 '피부가 도자기 피부처럼 좋아지진 않을까?' 하는 웃긴 상상을 해보기도 했다. 이렇게 하나씩 알게 되다 보니 얼른 목을 치료해서 호흡장애를 고쳐 나와 같은 증상을 호소하는 사람들에게 치료 방법을 알려주고 싶은 마음이 굴뚝같아졌다. 어디에선가 나와 같은 증상을 겪고, 정신적인 고통을 받고 있을 많은 분들이 있기 때문이다. 그래서 나의 꿈은 발성 강사에서 호흡장애 치료사가 되고 싶다고 생각하기도 했다. 하지만 현실적으로 힘든 직업이라는 생각이 들기도 했다. 외로운 싸움이라서 말이다.

파헤쳐지는 너

계속 치료를 하던 도중 더욱 많은 사실을 알게 됐다. 호흡장애는 목구멍의 끝에 음식물 또는 침이 고이기 때문에 식도가 열려 있다는 문제였다. 그러니까 삼키는 것에 문제가 있기 때문에 일어나는 증상이란 뜻이다. 원래 우리의 성대와 식도는 서로 상호작용을 하면서 열리고 닫히고 하는 기관이다. 우리가 평상시에 호흡을 할 때는 성대가 열려 있기 때문에 식도가 닫혀 있어야 한다. 반대로 우리가 음식물을 삼킬 때는 음식물이 폐로 넘어가는 것을 방지하기 위해 성대가 닫히고 식도가 열린다. 그런데 삼키는 것에 문제가 생겨서 음식물이나 침이 목의 뒤편에 계속 고여 있다면 아마 우리 몸은 음식물을 넘기는 줄 알고 식도를 열어놓을 것이다. 그러니까 호흡장애는 삼킴장애와도 많은 연관을 갖고 있다. 그래서 난 호흡장애와 삼킴장애의 연관성을 알아보기 위해 침을 삼킬 때마다 목의 좌우를 살펴보기로 했다. 처음에는 침을 삼킬 때 입천장인두활이 꽉 조이듯이 음식물을 공기와 같이 삼켜지는 듯이 꿀꺽 삼키곤 했다. 그러나 목의 치료가 많이 되다 보니 역시 삼키는 것에도 변화가 있었다. 치료가 많이 될수록 음식물을 삼킬 때 입천장인두활 쪽이 느껴지지 않았고, 후두 쪽에서 더 많이 느껴졌고 지금은 입천장인두활, 후두도 아주 편안하게 하면서 삼킬 수 있는 수준까지 됐다. 나중에는 음식물을 삼키기 위해 최소한의 근육만 사용되는 듯이 근육의 불편한 움직임이 적어졌다. 그리고 호흡장애가 호전되니 숨 쉬는 것과 평소에 말하는 목소리가 바뀌었다. 평소에 말할 때 목소리에 대한 이야기를 잠깐 하자면, 이것도 호흡장애를 구별할 수 있는 방법 중에 하나이다. 호흡장애가 심해지면 식도가 많이 열리게 된다. 그러면 강제적으로 성대가 많이 닫히게 되고, 평소에 말을 할 때 호흡장애가 심해질수록 성대의 진동이 목구멍 안에서 느껴진다. 그러나 호흡장애가 없는 상태에서 평소에 말을 하게 될 경우 성대의 진동이 입술 쪽이나 앞쪽의 혀, 앞쪽의 치아에서 느껴질 것이다. 확인을 해 볼 경우 가볍게 허밍으로 소리를 내보면 된다. 허밍이 무엇이냐면 입술을 닫은 상태로 그냥 소리를 내는 것이다. 허밍을 해서 내 목소리의 진동이 어디서 느껴지는지 확인해 보면 된다. 이렇게 여러 가지 방법들을 통해 호흡장애를 치료하면서 숨이 전보다 정말 편안하게 쉬어지는 게 느껴졌고, 호흡장애의 증상이 많이 줄어들기도 했다. 확실하게 느낄 수 있었던 것은 내가 누워서 잘 때 배에서 꼬르륵거리는 증상이 엄청나게 호전이 됐고, 잠도 정말 편안하게 들었다. 또 예전에 정말 심할 때 공기가 배에 꽉 차서 배가 엄청나게 불러왔는데 지금은 복부팽만증이 거의 없어졌다. 다시 한번 호흡장애와 연관된 증상들을 보면 복부팽만증, 공기연하증, 삼킴장애, 정신불안, 과민성대장증후군, 긴장감, 불면증, 트림 및 방귀를 많이 하는 것, 대변의 굵기 및 점도, 눈부심 증상, 눈에 바람이 닿는 증상, 코로 숨이 시원하게 들어오는 증상, 성대의 진동이 목에서 느껴지는 증상 등이 있다. 근데 내가 호흡장애를 완전히 치료한 것은 아니기 때문에 또 가끔 증상이 생기기도 했다. 호흡장애가 다시 심해질수록 위에 정리해 놓은 증상들이 심해지기도 했다. 아직 몸이 덜 고쳐졌다는 내 몸이 보내는 신호겠지. 위의 병명으로 인터넷에 사전적인 검색을 해보면 원인을 알 수 없는 증상이라고 많이 나온다. 그래서 때로는 이런 생각도 한 적이 있다. '혹시 많은 병의 원인이 이 호흡장애일 수도 있지 않을까' 하는 생각을 말이다. 왜냐하면 내가 위에 정리해 놓은 증상들만 봐도 이 호흡장애와 아무런 연관이 없을 것 같았지만 전부 하나같이 이어져 있었기 때문이다. 어쩌면 공황장애를 치료하는 데에도 많은 도움이 되지 않을까 하는 생각도 해본 적이 있다. 어떻게 보면 공황장애도 극도의 긴장감을 유발하게 되어 불안한 상태가 되는 거라고 생각이 들기 때문이다. 공기가 위장에 들어가면 무의식적으로 긴장이 되는 증상 때문에 극심하게 바뀌면 그렇게 되지 않을까 하는 의문이 들기도 했다. 또 나도 호흡장애가 심했을 때 그런 정신적인 스트레스, 압박감, 답답함 이런 걸 많이 느꼈기 때문이다. 물론 확실한 것은 아니지만 연구를 해볼 만한 가치는 있다고 생각이 든다. 사실 의학계에서 이 증상을 치료할 수 있는 방법을 연구해서 치료 방법이 나오게 된다면 위에 정리해 놓은 증상들을 모두 고칠 수 있다는 이야기가 될 수도 있으니 얼른 치료연구가 시작되길 바라는 마음도 크다. 하지만 내가 이 책을 다 쓰고 세상에 많이 알려져야 가능한 이야기일지도 모르기에 너무 큰 바람일지도 모른다.

내 몸의 상태

호흡장애를 계속 꾸준히 치료하고, 발성 연습도 꾸준히 하는 와중에도 나의 통장에 잔고는 조금씩 좀벌레들이 갉아 먹는지 줄어들기 시작했다. 내가 경기도에서 고향으로 내려왔을 때 원래 내 통장의 잔고는 600만 원 정도가 있었다. 시간이 지날수록 조금씩 줄어드니깐 아르바이트를 할 수밖에 없었다. 나도 은근히 충동구매를 하는 버릇이 있어서 인터넷에 맛있어 보이거나 괜찮은 물건들이 있으면 훅훅 구매를 해버리기도 했다. 고향에는 발전소가 있는데 발전소에서 1년에 한 번, 두 번 정도 점검하는 기간이 있다. 그 기간에 잠깐 일을 할 수 있는데, 그때마다 갉아 먹혔던 내 통장에 잔고를 다시 채워놓을 수가 있었다. 또 길게 하는 아르바이트가 아니라서 일이 끝나게 되면 다시 본격적으로 집에서 호흡장애 치료와 발성을 계속하기에도 적합했다. 그러다가 어느 날에 작은누나가 나에게 건강검진 같이 받아보자면서 제의를 해왔다. 누나네 회사에서 지원을 해주기 때문에 할인이 되어서 큰 부담이 없다고 했다. 나는 이런 건 너무 좋아하기 때문에 흔쾌히 수락했다. 사실 어떻게 보면 호흡장애 때문에 건강염려증이 생긴 거나 마찬가지이다. 혹시 어디가 아프게 되면 큰 병은 아닐까 걱정부터 하게 되고, 이것도 호흡장애 때문에 생긴 건 아닐까 의심하게 되고, 건강에 좋다는 건 좋아하고, 건강에 나쁜 습관들은 되도록 고치려고 노력했다. 하여튼 그래서 누나와 건강검진을 받으러 갔다. 건강검진을 받기 전에 공복으로 가야 하기 때문에 허기진 배를 움켜쥐고 갔다. 피를 뽑고, 몸무게도 재고, 심전도 검사도 하고, 갑상샘 검사 등등 여러 가지 검사를 했다. 검사를 하면서도 혹시나 심하게 아픈 곳이 있을까 걱정을 많이 했다. 그러나 검사해 주시는 선생님들은 크게 문제가 없다는 듯이 별다른 말은 해주지 않으셨다. 근데 복부초음파를 하는데 검사해 주시는 분께서 지방간이 좀 쌓였다고 했다. 경중등도라고 하셨다. 선생님이 나에게 술 많이 먹냐고 물어보셨고, 나는 술을 좋아하지 않아서 잘 안 먹는다고 말했더니 비알콜성 지방간에 대해 이야기해 주셨다. 비알콜성 지방간은 그냥 인스턴트 많이 먹고, 운동 잘 안 하고, 비만이어도 생긴다고 했다. 난 비만은 아니니깐 인스턴트를 많이 먹고 운동을 잘 안 한 것이다. 하하하….

그걸 들으니 내가 경기도에서 매일같이 라면을 먹고 누워 있고 했던 것이 생각이 났다. '뭐 그때는 아껴야 했으니 어쩔 수 없이 라면을 먹었으니깐…'이라면서 스스로 위안을 했지만 살짝 걱정이 되기도 했다. 그래서 조만간 운동을 시작해야겠다고 마음을 먹기도 했다. 일단 그렇게 많은 검사가 끝나고 식사쿠폰 같은 걸 누나와 나에게 하나씩 주셨다. 쿠폰은 병원의 다른 층에 있는 식당에서 간단하게 밥을 먹고 갈 수 있는 용도로 제작된 듯했고 허기진 배를 채울 수 있어 좋은 병원이라고 생각했다. 근데 생각해 보면 비싼 돈을 받았으니 그 정도 복지는 당연한 것일지도 모르겠다. 하여튼 우리는 식당으로 빠르게 발걸음을 옮겨 쿠폰을 건네주고 죽과 마실 것을 받았다. 오랜만에 죽을 먹어서 그런가, 전날부터 굶어서 그런지 죽이 참 맛있었다. 가볍게 식사를 마치고 살짝 아쉬운 듯한 느낌을 뒤로한 채 차를 타고 다시 먼 우리 집으로 돌아왔다. 혹시나 검사 결과가 이상하게 나오진 않을까 걱정도 하며, 여느 때와 다름없이 목 치료와 발성을 연구하면서 검사 결과만을 기다렸다. 한참이 지나 드디어 검사 결과가 나왔고 떨리는 마음에 서류들을 하나씩 넘기기 시작했다. 걱정과는 다르게 내 몸은 정말 튼튼했다. 지방간이 있는 것과 갑상샘의 우측에 미세낭종이 있는 것을 제외하면 말이다. 사실 우리 집은 은근히 장수 유전자가 있는 것 같기도 했다. 돌아가신 친할아버지는 매일같이 담배를 피우셨었지만 80

대에 돌아가셨고, 큰 병도 없으셨다. 그리고 나도 잘 생각해 보면 은근히 잔병치레 같은 건 하지 않았으며, 신기하게 감기도 잘 걸리지 않았다. 가끔 내 손에 손금을 보면 생명선이 손목 끝에 붙을 정도로 끝까지 진하게 내려가 있다. 얼마나 오래 살려고 그러는지는 모르겠지만, 사실 난 안 아프고 오래 사는 게 나의 바람이다. 그렇다고 치매 걸리면서까지 벽에 똥칠하며 살고 싶은 건 아니다. 그래서 더욱 건강하게 오래 살기 위해서 운동을 하고 지방간을 빼야겠다고 마음을 먹었지만, 어디 사람 마음이 그렇게 쉽게 움직여지겠는가. 마음대로 되지 않는다는 것은 모두가 알고 있는 사실이다. 조금만 더 쉬었다가, 조금만 더 쉬었다가 하기로 하자….

그것이
내 운명이란 말이오?

어느 날에 갑자기 작은매형이 사주를 보러 고향에서 그리 멀지 않은 곳에 있는 점쟁이에게 간다고 했다. 그 점쟁이는 특정 기간에만 점을 본다고 했다. 그래서 매형이 점을 보러 간 김에 내 사주도 본 것이었다. 매형은 나에게 그 점을 봐준 내용을 자세히 알려주기 위해서 핸드폰으로 녹음을 해서 나에게 주었다. 내가 들은 그 점의 내용은 이랬다. 띠가 약하고, 쥐띠를 피해야 한다, 생일은 잘 타고났으나 사주가 여자 사주라 힘이 든다, 공무원 옷을 입으라고 했지만 입지 않을 거다, 얼굴 팔아먹고 살아야 할 사주다, 많이 배웠으면 아나운서를 해서 얼굴 팔아도 된다, 손끝에 흙 묻히면 안 된다, 등등이라고 말하셨고, 끝에는 "자기 팔자대로 놀고 있으니 계속하라 그러게, 그러나 아직은 이르다네. 차곡차곡 쌓아서 30, 31, 32, 33

살. 그중에 하라 그러게. 단, 차곡차곡 열심히 꾸준히"라고 말하셨다. 결론은 그냥 내가 하고 싶은 거 하게 놔두면 된다는 말인 것 같았다. 매형이 이런 사주를 나에게 들려주셨을 때 처음에는 은근히 힘이 됐다. 이 사주 결과 덕분에 집에서 조금은 나에게 계속해 봐라 하는 듯한 느낌을 받기도 했으니 말이다. 사실 나는 운명론자 쪽에 가까워서 내 팔자가 있을 거라고 믿기도 했고, 또 손금 같은 것도 많이 보러 다녔다. 손금이나 이런 것을 봤을 때도 나에게 연예계나 예체능 쪽을 추천하기도 했었다. 또 데자뷰를 자주 느끼는 편이라서 이런 걸 믿는 것에도 크게 한몫을 하지 않았나 하는 의문이 들기도 했다. 완전 맹신하는 것까진 아니고 어쨌든 내가 원하는 방향이랑 비슷해서 나쁘게 들리지 않을 뿐이었다. 난 원래 같은 꿈을 여러 번 꾸기도 하는데 이런 꿈을 꾸기도 했다. 주변에는 마치 해변에 여행을 온 사람들처럼 수영복을 입고 있는 사람들이 많았고, 계단처럼 층층이 나뉘어져 물의 수위가 다른 곳이 있었다. 제일 위층 꼭대기의 수위는 무릎 정도 오는 수위를 가진 곳이었고, 그 층의 한 층 밑에는 넓은 시멘트 바닥만 있는 곳이 있었다. 시멘트 바닥만 있는 층을 걷다 보면 앞에는 아주 까마득한 수위와 보이지 않는 망망대해를 가진 어두운 바다가 있었다. 처음에 내가 이 꿈을 꾸었을 때는 시멘트 바닥에 서서 용기 내어 바다에 잠깐 들어가 보자는 마음으로 입수를 하였다. 그러나 꿈속에서 수영은 되지 않왔고, 아등바등 물에 뜨기 위해 노력하다가 간신히 물 밖으로 나와 겨우 살았던 적이 있었다. 이 꿈을 두 번은 더 꿨었던 것 같다. 그리고 어느 정도 호흡장애가 고쳐지고 나서 같은 꿈을 꿨는데 똑같이 시멘트 바닥 앞에서 물에 입수하기 위해 마음을 가다듬고 있었고, 입수를 했다. 근데 이상하게 그날엔 마치 내가 수영선수라도 된 것처럼 물장구를 한 번 칠 때마다 멀리멀리 물살을 헤치고 나아갔고, 몸도 이상하리만치 편안했다. 그리고 너무 기분 좋게 헤엄을 친 나는 다시 수영을 끝내고 시멘트 바닥 위로 올라왔다. 정말 너무 신기했다. 예전에는 분명히 수영이 되지 않았는데 꿈속에서 변화된 나를 본다는 것이 말이다. 그렇다고 내가 현실에서 딱히 수영을 배우고 그런 것도 아니었다. 마치 내 몸이 호흡장애가 나았다는 신호를 보내주는 것 같은 느낌이었다. 다른 꿈에도 신기한 게 있다. 꿈에 어떤 점쟁이 할머니가 나왔다. 할머니가 나와 친구 A, B 이렇게 총 3명에게 꿈속에서 점을 봐주셨고, 우리는 감사의 보답으로 복채를 드렸다. 그리고 갑자기 화면이 바뀌어 친구 한 명과 내가 같이 있었는데, 먼저 A 친구의 점이 맞았다고 본능적으로 인식이 됐다. 그리고 점쟁이 할머니가 B 친구의 점을 볼 때는 연애에 관련된 점을 보셨었는데, 그 B 친구가 연애를 하게 될 것이란 점이었다. 그러나 나와 A 친구는 B 친구의 연애에 관련된 점을 믿지 않았다. 그 꿈에서 B 친구는 연애를 할 확률이 낮은 친구였었나 보다. 그렇게 나와 A가 둘이 있을 때 갑자기 B 친구가 싱글벙글하면서 어디선가 돌아왔다. B 친구가 돌아와서 하는 말이 "나 ○○이랑 사귄다"라는 내용이었다. 나와 A는 적잖이 충격을 받고, 그 할머니 점이 진짜 맞나보다 하고 느꼈다. 그리곤 갑자기 할머니에게 미처 주지 못한 복채 7,000원을 더 드려야겠다고 문득 생각이 들었고, 우리는 할머니를 찾기 위해 두리번거렸다. 그러다 아주 멀리 계단 같은 곳에 앉아 있는 할머니를 발견했고, 그런 할머니는 당연히 자기를 찾을 줄 알았다는 듯이 계단에서 폴짝 내려오시고는 곧장 우리에게 걸어오셨다. 그리고 나는 할머니와 악수를 하면서 이런 얘기를 했다. "할머니 제 점만 빼고 다 맞히셨어요"라고 했더니 할머니는 내가 한 말에 대해서는 무심한 듯 답변하지 않고는 복채 7,000원을 가지고 가셨다. 그때 할머니의 얼굴이 또렷이 기억이 난다. 머리카락은 5 대 5 가르마를 한 듯이 좌, 우로 머리가 갈라져 있었고, 흰머리와 검은 머리가 적당히 섞여 있는 머리에 강렬한 인상과 날렵한 라인을 가진 얼굴이었다. 그리고 난 꿈에서 깨자마자 '뭐지, 삼신할머니인가?'라는 생각이 문득 머릿속에 떠올랐다. 삼신할머니는 애기를 주는 할머니인데 왜 갑자기 삼신할머니라는 단어가 떠올랐는지는 모르겠다. 이런 의아한 꿈을 꾸긴 했지만 싫지는 않았다. 그때의 꿈속에서 나의 꿈은 현재와 마찬가지로 여전히 발성을 사용하는 것으로 성공하는 것이었고, 점에 대한 질문도 그것에 대한 질문이었다. 그렇게 난 운명론자 쪽으로 기울 수밖에 없는 상황들을 많이 맞이했다.

그래! 결심했어!

발전소 아르바이트가 끝나면 통과의례처럼 서울에 가서 연서도 만나고, 다른 친구들도 만나고, 수도권에 지내는 고향 친구들도 만나고, 이모부네에 가서 맛있는 것도 먹고 하면서 힐링을 하고 오기도 했다. 그래서 그런지 나의 몸무게는 조금씩 늘어갔고, 내 배는 튜브를 조금씩 만들어 갔다. 그리고 이제는 정말 운동을 해야겠다고 결심이 들어 헬스장을 등록하고 운동을 시작했다. 다행히도 고향에는 지역에서 지원하는 헬스장이 있었고 매월 요금도 한 달에 만 원밖에 되지 않았다. 거기다가 우리 집에서 가까웠기 때문에 더욱 운동을 할 의욕이 불타오르고 있었다. 다만 지방에 있는 헬스장이라 시설이 좋고, 기구가 새것이고 그런 건 아니었다. 헬스장에 처음 방문한 날엔 운동을 어떻게 해야 하는지 몰라서 인터넷에서 많이 검색도 해보고, 친구에게 물어도 봤다. 그렇게 해봤지만 결국 내가 직접 손으로 만져보고 느껴야 직성이 풀리는 스타일이라 그냥 이 기구, 저 기구 만져보면서 경험을 해보기로 했다. 처음 운동을 해보는 거라 무겁고, 힘들고 하긴 했지만 이상하게 포기하고 싶고, 하기 싫고 그러진 않았다. 나도 몰랐는데 운동을 하면서도 발성을 할 때처럼 지방간을 없애겠다는 오기가 마구 생겨서 그런 것 같기도 했다. 여기서 웃긴 포인트는 내가 운동을 하면서도 발성에 대한 생각을 갖고 호흡을 이렇게 해볼까, 저렇게 해볼까 하면서 운동을 한다는 것이다. 정말 미친놈인 것 같았다. 내가 여기서 '호흡을 이렇게 해볼까? 저렇게 해볼까?' 하는 것은 전에 말한 '신경발성법'과 연관된 얘기이다. 신경발성법을 할 때 내가 특정 위치에 신경을 집중시킨 상태로 발성을 한다고 했다. 근데 이게 호흡의 들숨과도 연관이 있다. 특정 위치에다가 신경을 집중시킨 후에, 그 신경의 위치를 계속 신경 쓰면서 숨을 들이마시면 호흡이 다르게 들어온다. 즉, 신경을 집중시킨 곳이 다를수록 숨을 들이마시는 것과 소리를 내는 것 모두가 달라진다는 것이다. 그 말은 다르게 해석하면 내 몸에는 수만 가지의 숨을 들이마시는 방법과 수만 가지의 소리들을 내는 방법이 있다는 말이다. 그래서 내가 운동을 할 때도 숨을 들이마시는 방법을 다르게 하곤 했다. 호흡에 대한 의문점이 더욱 커진 건 러닝머신을 타고 있을 때도 발견됐다. 러닝머신 위에서 뛰거나 걸어서 호흡이 가빠질 때에도 여전히 이상함을 느끼곤 했다. 러닝머신을 타게 되면 몸에 수분이 많이 빠지고, 호흡을 많이 하게 돼서 입안이 건조해지게 된다. 그런데 입안이 건조해지면 꼭 오른쪽 목구멍은 괜찮은데 왼쪽 목구멍만 마치 바싹 말라 너무 건조해서 찢어질 것만 같은 뻑뻑함이 있었다. 혹시나 '이것도 호흡장애와 연관이 있을까'라고 생각을 하긴 했지만 현재로선 답을 구할 수 없었고, 러닝머신 타는 게 너무 힘들어서 더 이상 생각할 수도 없었다. 그래서 별다른 변화가 없는 이상은 지방간을 빼는 데에만 더 열심히 집중하기로 했다.

파헤쳐지는 너(2)

　　　　　　　　내가 어깨 운동을 하는 날에 알게 된
사실이 있다. 덤벨로 숄더프레스를 한 날이었다. 숄더프레스가
뭐냐면 양손으로 덤벨을 쥐고, 팔을 머리 위로 쭉 뻗어서 올렸
다가 내렸다가 하는 어깨 운동이다. 근데 이 어깨 운동을 할 때
왼쪽 어깨가 처음에 끝까지 올라가지 않는 것이었다. 마치 빽빽
하게 굳어 있는 듯했다. 그리고 어떻게든 끝까지 올리려고 하
면 마치 굳어 있는 근육이 당겨지는 듯 아픔을 주곤 했다. 이곳
도 내가 왼쪽 목을 치료할 때처럼 계속 자극을 해주니 굳어 있
던 근육에 기름칠을 해준 듯 조금씩 괜찮아지기 시작했다. 어깨
가 조금 나아진 것 같은 기분이 들자 착각일지도 모르지만 이상
하게 숨 쉬는 것도 조금은 편해진 것 같은 느낌이 들기도 했다.
여기서 난 '미친놈이 드디어 별것을 다 연관 짓는구나'라는 생

각을 하며 대수롭지 않게 여기고 운동을 계속하곤 했다. 그렇게 헬스장에 지속적으로 다니다 보니 이상한 증상을 발견하긴 했다. 운동을 하는 사람들을 자세히 관찰하니 많은 사람들이 트림을 꺼억, 꺼억, 하고 있는 것이었다. 마치 호흡장애와 비슷한 느낌이었다. 위장에 공기가 많이 차서 공기가 빠져나가는 트림 같았다. 나야 그런 증상이 있었기에 그러려니 했으나 운동하는 사람 대부분이 그런 것이었다. 물론 물을 많이 먹어서 그럴 수도 있다고도 생각은 했지만 그러기엔 트림을 너무 많이 하곤 했다. 그래서 혹시나 하는 의문에 연관성을 찾아보려고 노력을 했다. 그리고 발견한 게 몸에서 뚝뚝거리는 소리가 날 때마다 호흡장애가 온다는 사실이었다. 여기서 몸에서 뚝뚝거리는 것을 이해하기 쉽게 설명해 주자면 우리가 손가락 깍지를 끼고 꺾어서 인대와 근육이 한계를 넘으면 뚝뚝 소리가 나게 된다. 그러면 뚝뚝거린 손에선 무언가 시원한 듯한 느낌이 들지만 사실 이건 시원한 상태가 아니라 뚝뚝거린 부분의 힘이 빠지는 느낌이다. 뚝뚝 소리가 난 뼈와 인대 및 근육의 기능이 잠시 멈춰서 제 기능을 하지 못하는 상태란 뜻이다. 더욱 쉽게 이해하기 위해서 예를 들어주면 먼저 손가락의 뚝뚝 소리를 내기 전에 가볍게 주먹을 쥐어본다. 그러면 어느 정도의 힘이 들어갈 것이다. 그 상태를 기억한 후에 손가락을 깍지 낀 다음 뚝뚝 소리를 내보고 다시 주먹을 쥐어보면 방금 전과의 상태와 다르게 힘이 잘 안 들어가고 빠지는 것을 알게 될 것이다. 이처럼 몸에서 뚝뚝 소리가 나게 되면, 그 근육들의 기능이 잠시 제 기능을 발휘하지 못한다고 보면 된다. 이야기를 다시 이어서 운동을 할 때도 몸에서 뚝뚝거리는 사람들이 많다. 이건 몸을 접을 수 있는 부분 어디에서나 나타날 수 있다. 왼쪽 몸과 오른쪽의 몸의 균형이 반반 고르게 돼 있다는 뜻이 아니고, 한쪽으로 많이 틀어졌을 확률이 높다. 스트레칭으로 좌, 우를 교정하거나 골반이 교정될 경우 또는 눌려 있는 신경이 좀 풀리게 되면 뚝뚝 소리가 덜 나는 경우도 있다. 근데 꼭 이것만이 아니더라도 정말 연골이 다 닳았고, 또 다른 이유로 뚝뚝 소리가 날 수도 있다. 하여튼 그래서 뚝뚝 소리가 나기 때문에 몸에서 갑자기 제 기능을 하지 못하고, 그게 해당 부분 신체와 신경으로 연결이 된 성대와 식도에도 영향을 주게 된다. 이것은 내 몸의 특정 부분이 성대와 가까운 곳에서 뚝뚝 소리가 났을 때 호흡장애가 더 심해지기도 했다. 그래서 이 글을 보고 당부하고 싶은 게 있다면 괜히 목이 뻐근하다고 해서 손으로 턱을 잡고 갑자기 목을 훅 꺾어서 뚝뚝 소리를 내거나, 허리가 뻐근하다고 허리를 돌려서 뚝뚝거리는 사람들에게 되도록 자제하라고 전해주고 싶다. 몸에서 소리가 나는 것은 그 방향으로 틀었을 때 1차적인 한계를 넘었다고 우리 몸에서 알려주는 신호라고 보면 된다. 내가 이렇게 말하면 이런 질문이 올 수도 있다. "물리치료사분들이 몸을 교정해 주면서 뚝뚝거리는 건요?"라고 말이다. 그러나 물리치료사분들은 의학적으로 잘 알고 있는 상태로 특정 신체 부위의 치료를 목적으로 몸을 뚝뚝거려 이완해 주는 충분한 이유가 있을 것이고, 우리는 이유 없이 그냥 뚝뚝거리고 아주 많이 반복을 하기 때문에 문제가 된다는 것이다. 이야기를 더 이어가 보자면 이 뚝뚝거리는 것은 내가 무리한 운동을 한다거나 억지로 몸을 꺾어서만 나오는 것, 즉 의식적으로만 하는 행동에 의해 나오는 것만은 아니다. 여기서 더욱 중요한 건, 많은 사람들이 호흡장애를 겪는 이유 중 하나가 바로 침을 삼킬 때 움직여지는 근육들이 자신도 모르게 한계를 넘어서 목에서 뚝뚝거릴 수도 있다는 사실이다. 목에서도 마찬가지로 뚝뚝거리게 되면 근육들이 잠시 제 기능을 하지 못해서 공기가 식도로 들어가게 되고, 얼마 지나지 않아 트림을 하게 되는 자신을 발견하게 될 것이다. 습관이나 생활방식 때문에 틀어진 나의 몸은 한 곳만 틀어지는 것이 아니라 내 몸 전체가 틀어진다. 쉽게 얘기하면 골반이 틀어지면 허리가 틀어지고, 이어서 등이 굽고, 목이 굽고, 걸음걸이가 바뀌고 하는 등의 문제이다. 몸이 틀어지면 당연히 목의 근육도 틀어지기 때문에 음식물을 삼킬 때 목의 근육들이 제 기능을 하지 못해서 한계를 넘어 뚝뚝거린다는 말이다. 그러니까 결국 호흡장애는 몸이 틀어짐으로 인해서도 심화될 수 있다는 이야기이다. 거북목으로 갈수록 점점 심해지고, 턱을 밑으로 당기면 목이 눌리기 때문에 더욱 심해진다. 그래서 난 잘 때도 높은 베개를 베고 자지 않는다. 높은 베개를 베면 머리가 살짝 위로 올라가서 누워 있는 거북목 상태가 된다고 보면 된다. 그래서 높은 베개 말고 낮은 베개를 추천하고 이왕이면 바르게 누운 자세로 자는 것을 추천한다. 옆으로 돌아서 눕는 자세는 편안할 수는 있으나 한쪽 어깨가 눌려 압박되어 신경을 누르게 되므로 호흡장애가 생길 우려가 있다. 바른 자세로 자더라도 날개뼈 근처의 신경이 눌려 호흡장애가 생길 수도 있긴 하지만, 그럼에도 어깨가 눌려 신경이 계속 압박된 상태인 것보단 낫다는 것이다.

나는 치료 발성을 할 때면 목에서 많이 뚝뚝거리는 증상이 비일비재하게 일어난다. 그런데 목에서 뚝뚝거리는 소리가 난 뒤에 거울로 얼굴을 보면 얇게 흉터가 갑자기 파인다. 내가 앞에서 얼굴에 갑자기 흉터가 생긴다는 얘기를 한 적이 있다. 그 흉터가 생기는 원인이 목에서 뚝뚝거리므로 인해서 생긴다는 것을 발견한 것이다. 그래서 치료 발성을 하면 얼굴에 탄력이 돌아오거나 호흡장애로 생긴 흉터들이 살짝 돌아오는 경향이 있었던 것이었다. 혹시나 심하게 뚝뚝거린 상황이 발생한다면 흉터가 덜 생기도록 바로 치료 발성으로 목이 제 기능을 다시 하게끔 만들어 주는 것이 좋다. 이런 원리를 확인한 후 '여드름으로 인해 생긴 파인 흉터들이 치료될 수도 있지 않을까' 하고 한

껏 기대를 하기도 했었지만 치료 발성을 한다고 해서 예전에 생긴 여드름 흉터들이 옅어지고 그러진 않더라. 그렇게 피부가 파이는 원인을 어느 정도 알게 됐고, 저번에 원인 모를 흉터가 생기는 사람들이 모여 있는 대화방에서 "이런 증상 때문에 생기는 것이다"라고 말하려고 했으나 사실상 아무런 영향력이 없는 일반인인 내가 말해도 듣지도 않을 테고, 신경발성법이니 치료 발성이니 해도 그냥 사기꾼이 사기를 치려는 것으로밖에 보이지 않을 것이기 때문에 굳이 말하지 않았다. 이 책이 멀리 퍼지게 되면 그때는 사람들이 원인도 알게 될 것이니 잠시 기약 없이 미뤄두기로 했다.

많이 호전된 내 몸

치료 발성을 열심히 하여 어느 정도 시간이 흘러 변화된 내 몸은 더욱 편안해지게끔 바뀌었다. 그중에 가장 좋은 것은 누웠을 때에 식도가 열리는 것이 확연하게 줄어들어 잠을 편안하게 잘 자는 것이다. 예전에는 정말 누웠을 때 꼬르륵거려서 정신병에 걸리는 줄 알았는데 말이다. 정말 많이 호전된 편이다. 잠깐 이 이야기를 더 이어가 보자면 누웠을 때에 꼬르륵거리는 가장 큰 원인은 등에 있는 신경이 눌리기 때문이고, 앉아 있을 때는 엉덩이에 눌린 신경 때문이다. 그 신경은 내 기준으로는 등의 왼쪽 날개뼈와 척추 사이에 있는 근육 쪽의 신경인데 그 부분의 위로는 어깻죽지까지, 아래로는 다리까지 신경이 연결돼 있다. 그 부분이 눌리게 되면 목이 제 기능을 하지 못하는데, 누웠을 때는 그 부분이 눌리기 때문에 꼬르

록거리는 것이다. 앉아 있을 경우엔 엉덩이 쪽에 연결된 신경이 눌리기 때문에 그런 것이었다. 이것을 어떻게 치료했느냐면 치료 발성을 하다 보니 최저 음에서 골반이 아픈 것을 알게 됐다. 정확한 이유는 몰랐지만 나의 추측에 의하면 소리를 내기 위한 압력에 의해 횡격막이 내려가면서 골반의 좌, 우의 균형을 맞추기 위해 자극을 했다는 생각이다. 물론 이것은 추측일 뿐이다. 그렇게 횡격막이 내려가고 골반 자극을 어느 정도 하다가 괜찮아지니 갑자기 골반 교정이 끝났는지 허리가 아프기 시작했다. 그렇게 자극을 하다가 보니 어느 정도 호전이 된 상태가 된 것이다. 호전이 되면 걸음걸이도 갑자기 교정이 된다. 나는 원래 일자로 걸어 다니고 싶은 사람이었지만 일자로 잘 걸어지지 않는 편이었다. 근데 호흡장애가 치료되면 이상하게 걸음걸이가 바뀌는 듯한 느낌을 많이 받았다. 아마 골반이 교정되면서 바뀌었다고 추측을 하고 있다. 바뀐 건 내 걸음걸이만이 아니었다. 숨 쉬는 것이 편해져서 흉식호흡이 잘되기도 했다. 내가 호흡장애를 치료하면서 정말 중요하다고 느낀 것이 편안하게 숨을 쉬어야 된다는 것이다. 편안하게 숨을 쉬려면 흉식호흡이 돼야 한다는 것이다. 내가 억지로 하는 흉식호흡은 의미가 없다. 제대로 된 흉식호흡의 정의를 하자면 내가 숨 쉬는 것을 의식함에도 저절로 호흡이 돼야 하고 가슴이 올라갔다가 내려갔다가 해야 된다는 것이다. 아마 많은 분들이 잘 안될 것이다. 이유는 몸이 틀어져 있어서 그런 경우일 수도 있고, 또 복식호흡을 어디선가 배운다고 하면 가르치는 선생님이 "배로 호흡해서 복식호흡을 하세요"라고 대답하면 100이면 100 모두가 이렇게 생각할 것이다. 머릿속으로 복식호흡을 해야 한다고 생각해서 신경을 배 쪽에 옮겨놓고 숨을 쉴 것이다. 이게 잘못됐다는 것이다. 사실상 복식호흡은 내가 의지로 '복식호흡을 해야겠어!' 한다고 해서 되는 게 아니다. 복식호흡은 흉식호흡의 연장선이며 몸이 더욱 편해지면 자연적으로 복식호흡이 된다. 잘 생각해 보자. 우리가 누워 있을 때 정말 편안하다고 느끼지 않는가? 그때는 우리가 자연스럽게 배가 들어갔다 나오는 것을 볼 수 있다. 그 원리는 우리 몸이 너무 편해졌기 때문에 흉식호흡의 연장선으로 복식호흡이 된 것이다. 그런데 그걸 의식적으로 하면 오히려 더 긴장돼서 식도가 열린다. 그리고 내가 전에 말한 신경발성법에 관한 얘긴데, 내가 분명히 신경이 우리 몸의 어딘가에 집중이 된 상태면 숨을 들이마시는 것과 발음을 하는 것 모두가 달라진다고 했다. 그 원리가 지금 여기에 접목이 된 것이다. 내가 복식호흡을 하기 위해서 신경을 배 쪽에 두고 숨을 들이마셨다면 그게 기본적으로 숨을 쉬는 방법이 되기 때문에 평소에 숨을 쉬던 것과 다르게 바뀌게 된다. 거기다 내가 편안한 상태가 아닌, 의식적으로 신경을 옮겨놨으니 긴장이 되는 건 당연지사니깐 식도가 열리게 되고, 그때부터 우린 신경발성법에 의해 이제 숨 쉬는 것이 점점 달라지고, 호흡이 달라지니깐 몸도 그에 따라 바뀌는 방향이다. 이렇듯 복식호흡이 얼마나 어렵고, 제대로 할 수 있는 사람이 많지 않다는 것을 알 수 있을 것이다. 간혹 흉식호흡조차 편하게 안 되는 사람도 많을 것이라고 생각한다. 그 사람들은 아마 예전에 어디선가 내 스스로 호흡을 바꾸는 계기가 있었거나, 몸이 많이 틀어진 사람이거나, 긴장을 많이 한 사람이거나 아니면 또 다른 이유가 있는 사람일지도 모른다. 확실한 것은 몸이 편안한 상태가 아니란 것이다.

호흡장애가 호전되면서 달라진 또 다른 것은 시선이 저절로 먼 곳에 집중이 된다는 것이다. 반대로 얘기하면 호흡장애가 심해질수록 시선이 멀리 집중이 안 되고, 멀리 집중하려고 하면 자꾸 신경이 내 몸 안으로 들어오게 된다는 말이다. 테스트하는 법도 간단하다. 한 5m 이상의 거리에 있는 물체를 그냥 가볍게 봐준다. 그랬을 때 신경이 멀리 그 물체에 집중이 되는지 아니면 신경이 멀리에 있는 물체에 집중이 잘 안되고 자꾸 얼굴 속으로 들어오려고 하는지 확인해 보면 된다. 테스트를 해도 잘 모르겠으면 그냥 넘어가도 된다.

가끔 목이 치료되면 호흡이 전보다 더 폐에 꽉 차는 것 같이 숨이 들이마셔지기도 해서 치료되는 초반에는 폐가 아플 때도 있다. 그리고 목 치료가 조금 됐다 싶으면 정말 신기하게도 갑자기

막 졸음이 쏟아져 내린다. 이건 확실한 것은 아니지만 내가 많이 느낀 부분이라서 말하는 것이다. 위장에 공기가 쌓여 있다가 조금씩 치료되면서 위장에서 공기가 빠지고 긴장이 풀려서 그런 게 아닐까 하는 추측이다. 그리고 신기하게도 호흡장애가 고쳐지고 호흡이 편안해지고 하면 몸에 힘이 점점 많이 생긴다. 이건 몸에 힘이 생긴다고 하기보다는 원래 내 힘을 좀 더 제대로 발휘할 수 있다고 말하는 것이 맞는 것 같다. 내가 운동을 하면서 호흡도 이 호흡, 저 호흡하면서 테스트를 하는데, 어떤 호흡을 했을 때는 몸에 힘이 자꾸 빠지는 느낌이 들었다면, 또 다른 호흡은 호흡을 할 때마다 점점 힘이 자꾸 생기는 경우도 있었다. 그래서 난 이것으로 발성을 평가하고 내 몸 상태를 구별하는 방법 중에 하나로 자주 애용하고 있다. 방법은 그냥 주먹을 꽉 쥐는 것이 아니고, 가볍게 쥐는 것이다. 주먹을 가볍게 쥐었을 때 내 몸의 신경이 어딘가 눌려 있거나 호흡이 이상하게 되면 중지와 약지 쪽에 힘이 빠지는 느낌이 든다. 마치 손가락에서 뚝뚝 소리를 낸 후처럼 말이다. 반대로 신경이 눌려 있지 않거나 호흡이 괜찮으면 가볍게 쥐어도 힘 빠지는 느낌이 안 난다. 내 몸에 신경이 눌려 있으면 분명히 어딘가 내 몸에서 제 역할을 못 하는 부분이 있을 것이고, 우리 몸에는 무수히 많은 신경들이 연결돼 있기 때문에 그것이 손에도 나타난다고 생각한다. 혹시나 궁금한 사람들은 가볍게 테스트를 해봐서 내 몸의 상태를 구별하는 것도 좋다고 생각이 든다.

시도

 내가 이렇게 호흡장애를 치료하는 와중에도 내 친구들은 하나둘씩 자리를 잡아가고 있었다. 울산에서 직장을 잡고 있는 친구는 결혼도 하며 아이도 낳았고, 청원경찰이 된 친구와 경기도권에서 일을 하고 있는 친구들까지 다들 자기 밥그릇 정도는 챙기면서 살고 있었다. 조금 애매한 건 나와 서울에서 공무원 준비를 하고 있던 친구였다. 그 친구는 공무원 준비를 꽤 오랫동안 했다. 한 5~6년 정도? 시험을 볼 때마다 안타깝게 떨어졌다고 하더라. 그래서 그 친구도 결국 공무원 공부를 포기하고 고향에 내려왔고, 같이 삶에 대한 고민을 나누기도 했다. 그런 우리를 안타깝게 보고 있는 공기업 청원경찰을 하고 있는 친구가 곧 청경 시험이 있으니 청경 준비를 해보라고 했다. 청경 시험에는 기본 상식과 공기업 상식, 청원경찰법에 관한 시험을 1차 필기시험으로 본 후 2차 시험으로 체력검정을 하는 실기시험을 본다. 나는 청경 시험을 원래는 보지 않으려고 했다. 왜냐하면 고향에 있으면 무언가 날 자꾸 압박하는 느낌이라 발성으로 성공해 고향에서 벗어나 살고 싶은 욕구가 엄청 강했는데 청경이 되면 고향에서 평생을 살아야 하기 때문에 많이 망설였다. 그런 나와 반대인 공무원을 준비했던 친구는 일단 할 수 있는 건 해보자는 마인드였다. 그래서 그 친구는 일단 청경 준비를 했고, 난 여전히 고민을 하면서 발성과 내 목 치료에 열중을 했다. 혹시나 내가 시험을 보게 된다면, 실기시험에 있는 체력측정은 지방간을 빼보자는 생각으로 운동을 시작하고 있었기에 완전 바닥은 아니었다. 물론 운동을 시작한 지 한 달, 2달 정도밖에 되지 않았지만 말이다. 하여튼 그래서 채용공고도 나왔고 고민을 미친 듯이 하다가 경험이나 해보자고 생각이 돼 급하게 책을 구매하고 공부를 시작했다. 일반 상식이나 공기업 상식은 어디서 나올지 모르니, 거의 청경법에 관한 것을 위주로 공부를 했다. 시간이 너무 촉박하여 열심히 집중해서 공부를 하긴 했지만 금방 머리에 들어올 정도는 아니었고, 이상하게 오랜만에 하는 공부라 그런지 살짝 재미가 있기도 했다. 나는 아침에 일어나서 새벽 늦게까지 공부하는 열정을 보여주기도 했다. 시간이 흘러 청경 시험 전날이 됐고, 오늘은 새벽 늦게까지는 공부하지 않고 일찍 잠을 자서 머리를 좀 식히게끔 하려고 했으나 다음 날이 시험이라 그런지, 긴장을 해서 그런지 밤에 잠을 자려고 하는데 잠이 안 오는 것이었다. 그렇게 누워서 뒤척이다가 결국 한 3시간을 뒤척이고 다시 일어나 책 좀 보다가 결국 밤을 새우고 시험을 보러 갔다. 눈은 충혈된 듯 피곤함이 얼굴에 나타났고, 퀭한 얼굴을 하고 책상에 앉아 시험이 시작되기만을 기다렸다. 시험이 시작되고 열심히 풀어보려고 했지만 사실상 일반 상식을 거의 보지 않았기 때문에 그쪽 문제에선 거의 찍다시피 하는 찍기신공을 보여주기도 했다. 공기업 상식도 열심히 공부를 했는데 내가 본 것은 거의 안 나왔다. 어쩔 수 없이 청경법에서만 나름 수월하게 문제를 풀었고, 필기시험은 거의 망친 듯 보였다. 필기시험이 끝나고 공무원을 준비했던 친구와 난 점심을 가볍게 초코바 같은 걸 먹고 실기시험을 보러 갔다. 실기시험도 나름 열심히 했지만 점수가 거의 중하위권이었다. 물론 공무원 준비했던 친구도 실기시험은 나와 마찬가지였다. 어차피 난 경험 삼아 본 것이기에 크게 미련을 가지진 않았다. 그랬지만 혹시나 하는 마음이란 게 있지 않나, 사람이란 게 당연히 안 될 줄 알면서도 기대를 하게 된다. 시험 결과 발표 당일에 인터넷에 내 정보를 입력하고 합격 여부를 확인하면서 손으로 컴퓨터를 가려 쪼아봤으나 역시나 떨어졌다. 참 떨어진다는 것이란 게 적응도 잘 안되고 늘 씁쓸한 마음을 남기는 것 같았다. 근데 솔직히 청경 공부는 내가 준비하려던 것도 아니고, 확실하게 준비를 한 것도 아니기에 더 열심히 준비한 사람한테 기회가 가는 것은 당연하다고 생각한다. 그런데 정말 신기한 건 공무원을 준비했던 친구가 합격을 했다. 물론 이 친구도 청경 시험 준비를 오랫동안 한 것은 아니어서 합격한 게 놀라울 따름이긴 했다. '공무원 공부를 하면서 쌓아온 5~6년 동안의 내공이 여기서 발휘되는 건가' 하며 의아해하면서 축하를 하긴 했다. 이 친구 말로는 필기를 나름 잘 봐서 실기점수를 조금 커버한 것 같다는 말을 했다. 이 자식, 합격해서 좋으면서 은근히 무덤덤한 척 얼굴을 하고 있더라, 다 티 났다고. 그래서 이 친구는 면접 준비를 열심히 하고 있었고, 난 발성으로 성공을 못 하면 뭘 해 먹고 살아야 하나 고민을 열심히 했다. 그래서 엄청난 고심 끝에 자격증을 따야겠다고 생각을 했다. 일단 대학을 중퇴한 나로선 뭘 할 수 있는 게 없었다. 그래서 자격증을 따기 위한 조건을 열심히 찾아보니 기사, 산업기사 자격증을 따려는 조건조차 대학 중퇴를 한 나에겐 턱없이 부족했다. '자격증도 아무나 못 따는 거구나'라는 생각에 자격증 응시조건을 만들기 위해 학점은행제를 시작해서 조건을 만들 수밖에 없었다. 그렇게 열심히 학점은행제를 시작하고 있는 도중에 청경 시험 최종 합격 발표를 하는 날이 다가왔다. 우리 친구들은 그 공무원 준비생 친구의 합격이 궁금했고 사실 모두가 떨어질 것이라고 추측했다. 그리고 공무원 친구가 합격 여부를 확인하자 합격됐다면서 우리에게 말을 하더라. 덕분에 친구들은 적잖이 충격을 받기도 하면서 축하한다고 얘기를 했다. 그런데 이놈이 좋으면서 은근히 또 무덤덤한 척 얼굴을 하고 있더라, 웃긴 놈이다. 그렇게 내 친구들 중에서 청원경찰은 2명이 됐고, 나 혼자 애매한 상태가 됐다. 그래서 난 일단 발성과 목 치료를 하면서 내년에 있을 청경 시험 준비를 해보고, 자격증 시험을 칠 수 있으면 시험에 응시해야겠다고 생각했다. 물론 그 전에 발성으로 성공할 수 있다면 정말 좋겠지만 말이다.

계속 내 몸의 호흡장애 치료를 하던 중 스트레칭으로 몸의 교정을 하는 시도를 해보기도 했다. 우리가 간단히 생각하는 스트레칭은 그냥 쭉 뻗어준다고 생각하지만, 스트레칭을 한쪽 방향으로만 하면 인대와 근육이 한쪽으로만 늘어나기 때문에 반대쪽으로도 스트레칭을 해줘야 한쪽으로 더 많이 늘어난 근육과 인대를 돌려놓게 되어 균형을 맞출 수 있다. 그래야 어느 정도 몸의 균형이 좌, 우가 맞게, 한쪽으로 틀어지지 않게 몸을 교정할 수 있다. 그렇게 스트레칭을 시도했으나 의도적이고 물리적인 스트레칭은 초반에는 효과가 있는듯했으나 시간이 지날수록 효과가 미미해졌고, 오히려 더 심해지는 경우도 있었다. 근육이 아니라 신경이 고장 난 것이기 때문에 물리적인 스트레칭으로 교정한다는 것은 당연히 무리가 있었을지도 모른다.

내 몸에서 허리가 틀어진 것과 골반이 틀어진 것은 생각보다 호흡장애와 연관이 깊었다. 발성으로 내 몸을 교정할수록 골반과 허리가 아팠고, 그게 안 아파질 때는 역시나 호흡장애가 호전되기도 했으니 말이다. 그렇게 발성으로 치료를 정말 무수히 하다 보니 정말 어디까지 내 몸이 고장이 나 있는지 의문이 들기도 했다. 내 몸이 고장 나 있었던 부분을 간단하게 말해주자면 혀 뒷부분, 입천장인두활, 목구멍 뒤의 윗부분, 목 안의 혀 아랫부분 근육, 목 좌측의 힘줄, 성대, 허리, 골반, 어깨, 앞 아랫니 잇몸, 어금니, 발바닥, 뒤 허벅지, 종아리와 무릎, 사타구니 등의 순서로 통증이 왔으며 치료 발성으로 치료를 했었고, 거의 왼쪽 전체가 다 고장이 나 있었다고 해도 무방할 것 같다는 생각이 들 정도이다. 난 어떻게든 더 치료해 보기 위해서 호흡 보조기구를 사용한 적도 있다. 호흡 보조기구는 가볍게 입에 기구를 물고 숨을 들이마실 때 일정한 압력 이상이 되면 입구가 열려 공기가 들어오는 시스템의 도구였다. 초반에는 열심히 사용해서 호전이 되는 것 같긴 했으나 착각이었다. 내가 예전에 식도가 열리면 공기가 시원하게 들어오고 한계 없이 들어온다고 했다. 근데 이 호흡 보조기구를 당기려면 엄청난 압력이 필요한데 그때 식도가 열리게 된다. 왜냐하면 이 호흡 보조기구의 압력을 뚫고 호흡을 하려고 하면 절대 편안한 상태에선 될 수가 없다. 계속 물고 있으면 오히려 숨이 안 들어오고 있다는 압박감 때문에 긴장이 된다. 긴장이 너무 많이 되면 편안한 상태가 아니기 때문에 불안정한 호흡을 하게 되므로 식도가 열려서 오히려 호흡장애가 심해진다. 이런 원리 때문에 혹시나 호흡장애가 있으신 분들께서 호흡장애를 고치려고 보조기구를 사용하는 것은 큰 효과를 거두지 못할 수도 있다고 말해주고 싶다. 그렇다고 꼭 효과가 없다는 것은 아니다. 호흡장애가 심하신 분들에 한정해서 하는 이야기이다. 긴장에 대해서 이야기한 김에 한 가지 더 말해주고 싶은 게 있는데, 가끔 어린아이들한테도 호흡장애 증상이 나타난다. 아까 긴장을 많이 하게 되면 호흡이 불안정해져서 식도가 열린다고 했는데, 아이에게도 마찬가지이고 오히려 아이들은 자신을 컨트롤할 수 있는 능력이 부족하기 때문에 호흡장애가 더 심해질 확률이 높다. 그래서 아이들에게 심한 압박이나 정신적인 스트레스를 너무 주지 않길 바란다. 혹시나 아이에게 호흡장애 증상이 있을 경우 최대한 빨리 스트레스를 해소할 수 있게 즐겁거나 편안한 상황을 만들어 주는 것이 도움이 된다.

이 정도의 몸을 치료하다 보니 문득 논문 같은 것을 쓰고 싶다는 생각을 했다. 논문을 쓸 수 있는 방법을 찾아보니깐 논문도 대학교를 졸업해야 쓸 수 있는 조건이 만족이 됐다. 대학을 중퇴한 나에게 그런 조건 같은 것을 만족할 만한 방법은 없었고, 또 다른 방법을 찾아보려고 했으나 역시나 없었다. 논문에 대해서 생각해 보다가 혹시나 이 같은 호흡장애에 대한 증상에 관한 것, 치료 방법, 연구된 것들이 있나 찾아봤으나 딱히 있지는 않았다. 당연한 결과라고 생각했다. 저번에도 말을 했지만 발성을 하다가 우연찮게 호흡장애를 발견했고, 치료 발성으로 호전된다는 것을 알게 되고, 미친 듯이 몇 년 동안 이것을 연구해서 호전된 증상을 기록하여 이전과 이후를 비교할 수 있는 사람은 이 세상에 미친놈인 나 외에 존재할 리가 없었다. 그러니 논문이 있을 리가 없었다. 그렇게 논문 쓰는 것은 포기하고 생각해 낸 것이 책으로 담아내는 것이었다. 나중에 '내가 제일 먼저 연구했고, 알아냈소'라고 기록해 놓기 위해서 말이다. 내가 이 연구를 계속하면 할수록 느끼는 것은 '과연 이게 의학적으로 연구해서 수술 같은 것으로 치료가 가능하게 될까?'라는 의문이다. 왜냐하면 수술이란 것은 사람이 몸을 직접 찢고 열어서 고치고 하는 방법인데 수술하는 사람이 골반의 각도는 어느 정도고, 허리는 어떻게 균형을 잡고, 내 목의 고장 난 부분을 정확히 자극하여 후두개와 성대를 정상으로 만들고, 신경을 고쳐주고 하는 것이 가능할지 궁금하다. 물론 내가 의학이란 분야에 무지해서 이해할 수 없는 부분이 많아 이런 의문이 드는 것이지, 의학은 생각보다 더 대단하기 때문에 가능할지도 모른다. 이 책에서 내가 가장 중요하게 전달하고 싶은 메시지는 호흡장애가 너무 심한 사람이 있다면 원인 모를 이 병에 대해 조금이나마 호전될 수 있다는 희망을 주기 위함에 가장 큰 목적이 있다. 난 이 병을 알게 됐을 때 치료할 방법이 없어서 너무나 좌절을 했었기 때문에 다른 분들의 짐을 덜어드릴 수 있다면 그것으로 만족할 뿐이다.

파헤쳐지는 너(3)

어느 날은 엄마가 작명가로부터 "내 이름이 정말 안 좋다. 아파하다가 죽을 이름이다. 일이 안 풀린다"라는 등의 안 좋은 이야기를 듣고 오시고는 개명을 해보자는 식으로 이야기를 한 적이 있다. 난 사실 이름에 대해서는 크게 의미를 두진 않았지만 개명을 하고 나서 인생이 잘 풀렸다는 사람도 있긴 하나, 나에게 크게 중요한 부분까진 아니라고 생각했기 때문에 그냥 바꾸면 바꾸는 대로, 안 바꾸면 안 바꾸는 대로 살아가기로 마음을 먹고 있었다. 사실 우리 큰누나도 어릴 적에 개명을 했고, 우리 친구 중에 청경이 처음으로 된 친구도 개명을 하고 좀 달라진 것 같기도 하다고 말을 했었다. 그렇게 우리 집에서 나의 이름을 개명을 하느냐 마느냐로 고민을 하고 있다가 시간이 흘러 결국 흐지부지됐다. 나중에 엄마에게 물어보니 개명을 하려고 받은 이름도 엄마의 마음에는 별로 들지 않았다고 하더라. 그렇게 듣고 보니 난 내 이름을 개명 안 하기를 잘했다는 생각이 들기도 했다. 정말 간단한 이유 때문인데, 어릴 때 할아버지가 내 이름을 열심히 불러줬는데 내가 개명을 하면 돌아가신 할아버지가 날 못 알아보지 않을까, 못 찾지 않을까? 하는 단순한 이유도 있었다. 대충 그런 식으로 합리화를 해서 넘기기로 했다. 그리고 내 이름이 그렇게 싫지도 않았기 때문이다. 난 사실 귀신이 있다고 믿는 편이기에 할아버지가 어디선가 날 도와주지 않을까? 하는 생각도 가끔 하곤 한다. 이런 일도 있었다. 좀 무서운 얘기긴 한데, 내가 예전에 공장에서 야간근무를 하다가 밥 먹을 시간이 되어 밥을 먹은 후 누워서 쉬고 있었다. 그러다 나도 모르게 졸았는데 갑자기 환청 같은 게 들리기도 했다. "영운아, 일어나야지"라고 말이다. 난 딱 그 환청을 듣고 할아버지 같다는 느낌을 직감적으로 알 수 있었다. 그리고 일어나서 주변을 보니 나 외에는 전부 일을 하러 가서 아무도 없었다. 이런 걸 느끼면 귀신이 있다고 믿을 수밖에 없을 것 같다. 근데 가끔 웃긴 생각을 하곤 하는데, 어떤 귀신이 나한테 들러붙어서 내가 하는 일이 잘 풀리지 않게 내 앞길을 자꾸 막고 있는 건 아닌가 하는 생각을 해본 적도 있다. 너무 일이 안 풀려서 그런지 어이가 없는 상상을 이렇게 가끔 하기도 했다. 참, 그리고 지금 여기에 나오는 '영운'이라는 이름이 바로 그 개명하려고 했던 그 이름이다.

  골반과 허리가 어느 정도 많이 교정됐을 때 드디어 많은 의문들이 하나씩 연결되어 풀리는 듯한 느낌을 받았다. 그리고 발성으로 연결되지 않았던 나의 파사지오 구간들이 조금씩 줄어들기 시작했다. 다시 한번 파사지오에 대한 설명을 해주자면, 현재 파사지오에 대한 정의는 음이탈이 잘 나는 음역대가 있는데, 그 부분을 발성으로 넘어가는 것을 말한다. 파사지오의 음역대를 넘어가는 방법은 두 가지가 있다. 첫 번째는 목에 힘을 줘서 강제로 그 부분을 넘어가는 것이다. 첫 번째 방법은 파사지오를 넘어간다는 장점은 있으나 소리가 무겁고, 목에 힘이 많이 들어가서 듣기 싫은 소리가 나며, 몸에서 스스로 불필요한 힘이 들어가기에 머릿속으로 압박감 같은 것을 느끼게 된다. 파사지오를 넘어가는 두 번째 방법은 몸에 힘을 빼서 편안하게 내 몸이 알아서 자연스럽게 올라가게끔 하는 방법이다. 두 번째의 방법은 어떻게 보면 첫 번째의 파사지오 해결 방법의 고급단계라고 할 수 있다. 첫 번째의 방법처럼 계속 노래나 발성을 하다가 보면 결국 목 쪽에는 힘이 빠지게 되며, 힘 빠진 소리를 내게 된다. 그러면 원래 목에 힘을 주고 부르던 높은음들을 힘을 주어 조여서 부를 수가 없게 되고, 이 상황이 되면 많은 사람들은 파사지오 구간에서 음이탈이 나거나 고음을 못 올리겠다는 생각이 머릿속에 들게 된다. 그리고 음을 낼 때 고음에서 점점 목소리가 갈리는 현상이 생기게 된다. 이런 증상이 있는 사람들은 어떻게 보면 발성이 안 좋아졌다고 생각할 수도 있으나, 반대로 발성을 발전시켜야 하는 계기가 됐다고 몸에서 보내는 신호이기도 하다. 그래서 일반 기성 가수들이 예전에는 노래를 부를 때 목에 힘을 주고 부르는 습관이 있었다면 시간이 지나 고음을 올리는 것이 어렵게 되고 목소리가 갈리게 되는 것이 바로 목에 힘이 빠져 더 이상 목의 힘으로 노래할 수 없게 됐다는 뜻이다. 이렇게 자연스럽게 두 번째 방법으로 넘어가게 되면 많은 사람들이 '아, 나는 안 되는구나'라고 생각하고 포기를 하게 된다. 이 두 번째 방법으로 넘어갔을 때 제대로 할 수 있는 사람은 정말 극에 달하는 극소수이다. 우리가 쉽게 얘기하는 '득음했다'라고 하는 사람이라고 생각을 하면 된다. 여기서 득음에 대한 나만의 새로운 정의를 최초로 정의해 보자면, 보통 사람들은 득음을 갑작스럽게 기적처럼 초고음을 내고 엄청난 소리를 낸다고 생각한다. 사실 대부분 맞는 얘기지만 내가 정의하는 득음의 다른 부분은 '우리가 원래 낼 수 있는 음을 최대한으로 내는 소리'라고 정의하고 싶다. 사실 우리는 원래 득음한다는 그 소리를 낼 수 있는 몸을 모두가 갖고 있다. 그러나 몸이 틀어지고, 성대가 경직이 되고, 호흡이 틀어짐으로 인해서 몸에서 제대로 된 상호작용을 하지 못하기 때문에 그렇게 된 것이다. 내가 말하는 최고의 소리는 우리 몸이 지극히 정상일 때 또는 좌, 우의 균형이 잘 맞을 때 이 소리를 낼 수 있다. 그래서 현재의 파사지오에 대한 정의를 새롭게 다시 쓰자면 '호흡장애가 있는 사람들은 최고의 소리를 못 내고 있을 뿐이다. 다른 말로 하면 호흡장애가 있다는 것은 파사지오를 절대 넘어갈 수 없다는 말이고, 파사지오는 호흡장애로 인해서 생기는 빈 음이며 몸이 보내는 신호란 뜻이다' 이 말은 발성을 하는 사람들이나 소리를 연구하는 사람들에게는 정말 흥미로운 말이 될 것이다. 호흡장애와 파사지오가 연관이 있다는 말은 이 세상 어디에서도 논의한 바가 없고, 앞으로도 내가 아닌 다른 사람이 이런 정의를 내릴 수 있는 사람은 거의 없다고 봐도 무방할 것이라고 추측된다. 왜냐하면 내가 호흡장애를 치료하면서 발성의 변화와 내 몸이 변화하는 이전과 이후를 비교해 볼 수 있었기 때문이다. 그럼 이제 발성에 관한 이야기를 조금씩 해보도록 하자.

발성

　　　　　　난 지금까지 발성과 호흡장애의 연관성을 파헤치기 위해 거짓말 하나 안 보태고 눈을 뜬 순간부터 눈을 감고, 꿈속에서까지 해결하려고 생각을 끊임없이 해왔다. 그러나 지금 난 이것들을 파헤치기 위해 무려 10년 이상이란 시간이 걸렸다. 10년 이상의 시간 동안 이 소리, 저 소리를 내보고 호흡장애에 고통을 받으며 조금씩 해결해 왔으니 이만큼의 성과가 있었다고 생각한다. 그렇기에 지금부터 세상에 잘못 알려진 것들과 이해하기 쉽게 내가 알고 있는 발성의 개념에 대해 자세하게 알려주려고 한다. 먼저 시작하기 전, 내가 앞에서 정의한 신경발성법에 대해 잠깐 이해하고 들어가야 한다. 신경발성법이란 내가 머릿속으로 신경을 집중시킨 곳으로 숨을 들이마시거나 발음을 하는 행위이다. 어떻게 보면 1차적으로 가르치는 추상적이고 느낌적인 가르침과 2차적으로 가르치는 방법적인 가르침을 둘 다 합친 3차적인 방법이라고 해도 괜찮을 것 같다. 1차적인 가르침은 "소리를 띄우세요, 소리를 입 밖으로 빼내세요, 이미지를 그리세요"와 같은 추상적인 개념이라면 2차적인 방법은 "숨을 들이마실 때 턱을 열고, 발음을 할 때는 배에 힘을 주고 발음을 하세요" 등등의 방법적인 개념이다. 이 2개를 합친 것이 3차적인 방법이고 신경발성법이다. 우리 몸은 뇌가 컨트롤하고 결정한다. 말 그대로 소리도 우리가 신경을 집중시킨 곳에 따라 다르게 나온다. 신경발성법을 하기 위해선 일단 네 가지 정도를 알아야 한다. 첫 번째는 신경의 이동, 두 번째는 신경의 집중, 세 번째와 네 번째는 특정 기준점에서 들숨과 발음이다. 당연히 처음 들으면 무슨 말인지 모를 것이다. 하지만 다음 내용들을 들으면 간단하게 이해가 가능하리라 믿는다. 우리는 몸의 무수히 많은 곳에 신경을 집중시킬 수 있다. 예를 들어주자면 먼저 눈을 감고 신경을 손바닥 중앙에 집중해 보자. 집중이 제대로 된 상태라고 느껴진다면 손바닥 중앙의 신경을 계속 신경 쓰면서 눈만 가볍게 떠본다. 그러면 눈의 초점이 살짝 흐릿해지는 듯이 떠지면서 손바닥에 신경이 집중될 것이다. 집중한 그 상태를 계속 유지하며 목소리를 "아!" 하고 내는 것과 신경을 발바닥 중앙으로 옮겨 발바닥 중앙에 집중시킨 상태로 목소리를 "아!"라고 내는 것의 결과적인 소리로 나오는 값이

다르다는 얘기이다. 우리의 신경은 보통 눈 쪽에 있는데 여기서 우리가 신경을 이동시키기 위해 손바닥이란 곳을 지정했고 집중을 하여 신경을 눈에서 손으로 이동시키는 것을 나는 '신경의 이동'이라고 정의했고, '신경의 집중'은 말 그대로 눈에 있는 신경을 옮긴 후 신경이 다시 되돌아가지 않게 특정 신체 부위에 집중한 것을 말한다. 신경을 계속 잡고 유지하지 않으면 신경이 금방 다시 되돌아가게 될 것이다. '기준점에서 들숨과 발음'은 신경을 집중시킨 곳을 기준으로 잡고 그 상태를 유지하면서 숨을 들이마시고, 발음을 할 때도 그곳에서 계속 신경이 움직이지 않도록 잡은 상태를 유지하며 발음을 한다는 얘기이다. 이렇게 신경발성법을 해서 신경의 위치가 달라짐에 따라 손바닥에 둔 것과 발바닥에 둔 것의 소리가 다르게 나온다는 말이다. 혹시나 이해가 안 돼서 테스트가 잘 안되는 사람이 있을 수도 있으니 또 다른 예를 들어주자면, 먼저 발바닥에 신경을 집중시키고 진성보다 편한 가성을 한번 내보자. 아마 발바닥에 신경을 집중시킨 상태로 가성을 내게 되면 살짝 무거운 듯 넓은 소리의 가성이 날 것이다. 발바닥에서 소리를 냈으면 이번엔 정수리 위의 허공에다가 신경을 둔다고 생각하고 신경을 집중한 상태로 가성을 한번 내보자. 아마 이번엔 얇고 가벼운 가성이 나올 것이다. 만약 잘되었다면 아마 두 가지의 소리가 다르다는 걸 스스로도 확인할 수 있을 것이다. 그러면 이제 생각만으로 소리가 다르게 난다는 것을 이해했다고 생각을 하고 다음 이야기를 이어가겠다. 이렇듯 우리의 몸에 어느 곳에나 신경을 집중시켜서 소리를 내면 비슷하게 나오는 것 같으나 다 다르게 난다는 말이다. 그러니 우리 몸에는 정말 무한히 다른 소리를 낼 수 있는 방법이 존재한다는 것이다. 모창을 하는 경우도 똑같다. 모창을 할 때는 대상자의 이미지를 생각하고 그 목소리를 내기 위해 우리는 목소리를 누르거나 조여서 소리를 내게 된다. 그때 신경발성법이 적용이 되는 것이다. 누르거나 조이기 위해서 신경을 어디로 옮긴 후 어떻게 해서 소리를 냈더니 결괏값으로 모창과 비슷한 소리가 난다는 것이다. 그만큼 우리가 건강한 소리를 내기 위해서 생각하는 것이 엄청 중요하다는 것이다.

많은 분들이 착각하고 있는 것이 있는데 노래를 배운 사람들이 오래 배운 것과 비례해서 잘한다고 생각을 한다. 나도 그렇게 됐으면 좋겠지만 그렇지 않다. 내가 방금 말한 신경발성법을 조금 이해한 사람이라면 이 말의 뜻을 이해하게 될 것이다. 노래의 창법이나 기술 같은 것은 경험에 의해 쌓이는 것이 맞지만, 목 상태 또는 발성법은 게임의 경험치처럼 쌓이는 것이 아니다. 내가 신경발성법을 이용해 발성을 했을 때 좋은 소리를 내는 방법을 알게 됐으면, 그 상태로 계속 노래를 하는 것일 뿐이다. 그러나 그 소리가 좋지 않은 소리라면 내 몸에서 신호를 보낸다. 목이 쉬거나 공명이 없어지거나, 몸이 힘들거나, 목이 조이거나 또는 무거운 소리가 나는 것으로 말이다. 그러니까 노래를 오래 배웠다고 해서 잘할 것이라는 착각은 접어두는 게 좋다. 여기서 창법과 발성법의 애매한 차이를 알려주자면 창법은 노래를 부를 때 사용하는 기술이라고 생각하면 되고, 발성은 소리를 내는 방법이라고 생각하면 된다. 비슷하지만 다른 개념이다. 또 다른 이야기로 이어가 보자면 세상에는 노래에 관심이 많아서 노래를 배우러 가는 사람들이 생각보다 많다. 근데 그 많은 사람들이 항상 초반에 배울 때는 조금 느는 것 같으면서도 시간이 지나면 느는 것 같다고 느끼질 못해 포기하게 된다. 그 이유는 처음에 노래나 발성을 배우러 가면 선생님의 말에 귀를 기울인다. 그리고 선생님은 분명히 신경발성법이 아닌 1차적이거나 2차적인 방법으로 알려주게 될 것이다. 그러면 배우는 본인은 노래를 하기 위해, 발성을 하기 위해 생각하게 된다. 예를 들면 '소리를 띄우라고 했으니 띄운듯한 느낌을 내듯이 소리를 내자'라고 한다면 본인이 머릿속에서 생각하는 발성을 시작하여 신경발성법에 대해 모르지만 신경발성법을 하게 된다. 신경을 어딘가로 옮겨서 소리를 내보게 된다는 말이다. 그러면 자신은 소리가 바뀌는 것을 느끼고선 '와, 이 선생님이 가르쳐 준 대로 하니깐 고음이 올라갔네, 소리가 달라졌네'라고 느끼게 되면서 선생님을 신용하게 될 것이다. 여기서 가장 큰 착각이 나오는 것이다. 이건 선생님이 잘 가르친 게 아니고 자신이 자신도 모르게 신경발성법을 사용했기 때문에 소리가 바뀐 것이다. 그렇게 착각을 한 상태로 계속 배우다가 보면 선생님이 소리를 이렇게 내라, 저렇게 내야 한다는 식으로 말을 하면 또 본인은 혼자만의 생각을 막 하게 된다. 그러다가 또 신경발성법을 하게 되다가 시간이 지나면 더 이상 선생님의 말을 이해를 못하고, 변화되지 않는 자신의 소리를 듣고는 절망하게 된다. 이 부분에서 아마 엄청나게 많은 공감을 하게 될 것이다. 이때 이것을 기억해야 한다. 발성은 '아는 만큼 들리고, 아는 만큼 가르칠 수 있다'라는 개념을 말이다. 다른 사람들이 많이 하는 또 다른 착각은 진성, 가성, 두성, 비성, 흉성 등의 소리를 구분하려 한다는 것이다. 나도 처음에 이 쓸데없는 정보 덕분에 소리를 구분하곤 했다. 비성이 따로 있는 줄 알았고, 두성이 따로 있는 줄 알았고, 특정 기술을 사용하면 비성이 되고, 두성이 되는 줄 알았다. 하지만 그 모든 게 거짓이었다. 그렇게 구분 지어놓음으로써 우리가 혼동을 하고 호흡장애를 얻을 확률이 커진다는 것이다. 물론 신경발성법에 의해 소리가 여러 종류로 날 수 있는 부분이지만 그 차이가 큰 편은 아니다. 만약 소리를 내는 사람이 자동차의 기어를 넣듯이 어떨 땐 비성, 어떨 땐 두성을 한다고 하면 결국엔 호흡장애라는 병을 얻게 될 것이다. 잘 생각해 보면 우리의 성대는 하나이다. 그 말은 소리가 하나로 연결돼야 정상이란 뜻이기도 하다. 제대로 된 소리가 저음으로 가면 그게 흉성이 되는 것이고, 그 소리가 그냥 높아지면 자연스럽게 두성이 된다는 말이다. 사실 흉성이란 말도 그저 소리가 낮아지니까 가슴이 울리는 것 같은 느낌이 들어서 저렇게 명칭을 지어놓은 것이지, 내가 흉성을 내겠다고 해서 가슴을 생각하면서 신경을 집중하여 신경발성법을 쓴다고 하면 눌린 소리밖에 나지 않을 것이다. 그러니까 저 구분 지어놓은 소리들은 원래 하나이고 결괏값으로 그냥 가슴이 울리고, 머리가 울리는 것 같다고 생각해야 된다는 것이다. 결괏값이 아닌 처음부터 흉성을 내야겠다고 생각하면 시작부터 내 몸에서 불편한 소리가 날 뿐이란 말이다. 가성도 마찬가지다. 소리가 하나가 되면 가성도 그저 연결된 소리로 낼 수 있다. 제대로 된 소리를 내다가 내가 만약 볼륨을 약하게 내야 될 것 같은 상황이 오면 그게 소리가 약해져서 가성처럼 나오게 된다. 귀신처럼 소리를 억지로 내는 것도 가성이긴 하지만 목을 조여서 억지로 내는 소리이다. 이렇게 소리를 구분 지어놓아 목소리를 다르게 내다보니 소리가 하나로 연결이 안 되고, 끊어지고 하는 것이다. 여기서 하나 더 짚고 가야 할 것이 있다면 많은 논란이 되고 있는 '믹스보이스'라는 것에 대해 잠깐 이야기를 하겠다. 믹스보이스를 또 다른 누가 정의를 지어놓은 말로는 반가성, 진가성 등등 또 이렇게 이해하기 어렵게 구분을 지어놨다. 흔히 얘기하는 믹스보이스의 소리는 전에 얘기한 파사지오 구간에서 소리가 마치 진성과 가성이 섞인듯한 느낌을 주는 소리가 나기 때문에 지어진 이름이다. 사실 이 명칭은 외래어에다가 이해하기 쉽게 표현하기 위한 단어이다. 믹스보이스란 명칭이 생겨나기 전까지는 반가성, 진가성 등의 말들로 표현을 했는데 막상 한글로 표현하는 단어가 없기에 익숙하고 있어 보이는 명칭으로 영어인 믹스보이스라는 명칭을 사용해서 이해를 돋워주고 있다. 그래서 난 우리의 한글을 사랑하기 때문에 한글로 명칭을 정식으로 만들면 좋겠어서 이 책에서는 믹스보이스란 말 대신에 '오롯소리'라고 하겠다. '오롯하다[*]'란 말은 순우리말로 사전에서 "모자람이 없이 온전하다"라는 뜻으로 몸이 바르고 온전한 상태여야 최대의 소리를 낼 수 있다는 개념에 아주 적합한 단어라고 생각을 한다. 그리고 파사지오라는 단어도 우리 한글로는 현재 지정된 말이 없으니 이 책에선 '고빗사위 구간'이라고 하고 설명하도록 하겠다. '고빗사위[**]'란 말은 "매우 중요한 단계나 대목 가운데서도 가장 아슬아슬한 순간"이란 순우리말로 파사지오 구간을 대체하기 위하여 아주 적합한 뜻이라고 생각한다. 전에 말한 고빗사위 구간을 넘어가는 두 번째 방법을 기억하는가? 목에 힘이 빠지면 목의 힘으로 그 구

---

[*] 국어국립원 표준국어대사전 中에서 '오롯하다'
[**] 국어국립원 표준국어대사전 中에서 '고빗사위'

간을 넘어갈 수 없어서 음이탈이 난다고 했다. 그 음이탈이 시작되는 부분부터 진성과 가성이 섞여서 나오는 듯한 소리가 나는 게 맞는 소리긴 하나, 그 소리도 기어를 넣듯이 "오롯소리를 내야지" 하면서 넣는 것이 아니라 저음부터 소리가 하나가 되어 고음이 되면 저절로 저런 식의 소리가 나게 되는데 대부분의 소리를 내는 사람들은 그렇지는 않다는 말이다. 기본적으로 턱에 힘이 안 빠진 사람도 많다. 목의 힘은 노래를 부르다 보면 결국 빠지게 된다. 그러나 턱의 힘은 절대 그냥 안 빠지므로 의식하면서 빼야지만 조금씩 힘이 빠지게끔 소리를 낼 수 있게 된다. 혹시 노래를 잘 부른다고 생각이 되는 사람이 있거나, 자신이 소리를 좀 낸다고 생각되는 사람은 고음을 낼 때 턱 밑을 손가락으로 눌러보길 바란다. 이건 내가 장담할 수 있는데 100명 중 99명은 턱 밑이 전부 딱딱해질 것이다. 우리가 최고의 소리를 내기 위해서는 몸에 긴장을 하면 안 된다. 긴장을 하게 되면 몸에 힘이 들어가서 공명이 없어지거나 소리가 무겁게 된다. 턱에 힘이 들어가면 자신이 낼 수 있는 최고의 소리를 못 내고 있다고 봐도 과언이 아니다. 또 턱에 힘을 주게 되는 것은 발음에도 많은 영향을 주게 된다. 발음을 강하게 하면 할수록 턱에 힘이 들어간다는 말이다. 노래를 부르는 사람들 중에 한국 가요보다 팝송을 부를 때 더 편하고 잘되는 경험이 한 번쯤은 있을 것이라고 생각한다. 그건 한글의 발음보다 영어 발음이 좀 더 입

밖에서 소리가 나고 발음을 굴려야 하기 때문에 발음에 힘을 덜 줘서 그런 것이다. 그만큼 턱에 힘을 빼고 발음을 한다는 것은 우리가 소리를 내는 것에 엄청난 비중을 차지한다. 그러니 턱이 딱딱해지는 사람은 현재보다 더 좋은 소리를 낼 수 있는 여지가 있다고 생각하면 좋을 것 같다. 오롯소리를 제대로 내기 위한 조건은 턱에 힘만 빼는 것이 다가 아니다. 당연히 노래를 배울 때는 누구나 들어본 복식호흡이 제대로 돼야 한다. 내가 앞에서 복식호흡에 대한 정의를 내렸지만 제대로 기억을 못 할 확률이 높기 때문에 다시 설명하도록 하겠다. 복식호흡은 흉식호흡의 연장선이며, 흉식호흡에서 몸이 더욱 편해지면 자동적으로 복식호흡이 된다고 했다. 어디선가 내가 복식호흡을 하기 위해서 신경을 배 쪽에 두고 숨을 들이마셨다면, 그게 기본적으로 숨을 쉬는 방법이 되기 때문에 평소에 숨을 쉬던 것과 다르게 바뀐다. 거기에다가 내가 편안한 상태가 아닌 의식적으로 신경을 옮겨놨으니 긴장이 되는 건 당연지사니깐 식도가 열리게 되고, 그때부터 우린 이제 숨 쉬는 것이 점점 달라지고, 호흡이 달라지니깐 몸도 그에 따라 바뀌는 방향이다. 그렇기에 우리는 복식호흡을 가볍게 생각해서 하고 싶다고 할 수 있는 것이 아니다. 오롯소리를 내기 위해서 복식호흡을 제대로 해야 하고, 신경발성법을 이용해 신경을 옮겨서 들숨, 발음을 한 후에 턱에 힘이 들어가지 않게 발음을 해야 비로소 오롯소리를 낼 수 있는, 하나로 된 소리를 낼 수 있는 것이다. 그러나 이렇게 해도 소리가 안 나고 음이탈이 나는 사람들이 있을 것이다. 그 사람들은 왜 그러냐면 내가 득음과 고빗사위 구간에 대한 새로운 정의를 내린 곳을 다시 보자면 '호흡장애가 있는 사람들은 최고의 소리를 못 내고 있을 뿐이다. 다른 말로 하면 호흡장애가 있다는 것은 고빗사위 구간을 절대 넘어갈 수 없다는 말이고, 고빗사위 구간은 호흡장애로 인해서 생기는 빈 음이며 몸이 보내는 신호란 뜻이다' 여기에서 고빗사위 구간은 호흡장애로 인해서 생기는 빈 음이라고 정의했다. 그러니 호흡장애가 있는 사람들은 고빗사위 구간을 넘기고 싶으면 호흡장애를 고쳐야 한다는 소리이다. 이 네 가지가 제대로 돼야 비로소 제대로 된 오롯소리를 낼 수 있다는 말이다. 이제 왜 제대로 된 하나의 소리를 내는 사람이 극소수인지 알 수 있을 것이다.

많은 분들의 또 다른 착각을 하나 알려주자면 발성을 배우고, 노래를 배우는 사람이 항상 피아노 또는 다른 악기가 있어야 한다고 생각한다. 우리가 발성을 배우는 상상을 해보자면 대부분의 사람들은 피아노 앞에서 "아~ 아~ 아~ 아~ 아~ 아~ 아~ 아~ 아~"하면서 피아노의 음계에 맞춰 음을 올렸다가 내렸다가 하는 상상을 할 것이다. 그런데 잘 생각해 보자. 내가 아까 발성은 경험치처럼 쌓이는 것이 아니라고 했다. 신경발성법을 이용하는 것만으로도 소리가 달라지는데, 호흡장애가 있는지 없는지 여부도 모르는 상황에서 아무런 생각하지 않고 음계에 맞춰서 발음만 한다는 것으로 힘이 빠진 제대로 된 소리가 난다고 절대 생각할 수 없다. 가끔 타고난 사람들은 가능할지도 모르지만, 이 세상에 그만큼 타고난 사람은 많지 않기에 대부분의 사람들의 목이 망가지는 지름길이다. 이런 경우도 있다. 피아노의 음계를 따라서 발음을 하다 보면 내가 생각했던 것보다 높은음이 나는 경우가 대다수다. 그 사람들은 가끔 의문을 가질 것이다. '피아노 따라서 음을 높이면 내가 생각하는 최대 음보다 높게 나오는데, 왜 노래만 하면 고음이 안 날까?' 하는 의문을 말이다. 그 이유는 간단하다. 피아노의 음계를 따라서 하는 것은 일단 감정이 없는 소리이고, 목을 쥐어짜내서 순간적으로 1초 정도 음을 찍는 것이다. 그런데 노래를 생각해 보면 노래는 일단 음의 길이도 있고, 음의 높이도 엄청나게 왔다 갔다 하고, 박자의 빠르기도 있기 때문에 마음이 더욱 급해지고, 다음 음이 뭐가 나올지 간단하게 예상할 수 있는 수준이 아니다. 거기에 감정을 넣는다는 것은 우리의 목을 찌그러뜨려서 특정 발음에 대한 표현을 하는데 이것까지 포함되니 당연히 안 될 수밖에 없다. 또 고음이 나오게 되면 신경발성법이 아니라 그저 가사만 생각하고 감정만 생각해서 부르기 때문에 몸에서 분명히 못 올릴 것 같다는 신호가 올 것이다. 쉽게 말하면 긴장을 엄청

한다는 말이다. 음을 내는 것이 내 몸에는 가볍지 않고 부담이 되기 때문에, 또 긴장을 하면 식도가 열리니 숨이 식도로도 넘어가서 나중엔 위장에 공기가 많이 차 트림이 나오므로 공기를 들이마시려고 해도 들어가지 않을 것이다. 그래서 피아노로 음을 찍을 때와 노래를 부를 때가 다른 것이다. 스스로 직접 피아노를 칠 때와 다른 악기를 하면서 같이 노래를 하는 것도 마찬가지다. 사람의 뇌는 여러 가지 멀티플레이를 하는 것에 제약을 가진다. 근데 과연 우리가 피아노를 치면서 몸에 힘을 빼고 발성을 생각하면서 소리를 낼 수 있을까? 물론 발성이나 악기에 도가 터서 가볍게 발성 또는 연주를 할 수 있는 수준이면 가능하겠지만 그건 너무 높은 수준이다. 그러니 악기를 하면서 노래를 할 때 발성까지 가져간다는 것은 무리가 있다. 즉, 발성을 제대로 하려고 할 때 악기가 있는 것은 발성을 제대로 할 수 있는 조건이 되지 않는다는 말이다. 아까 감정에 대해서 얘기를 해서 잠깐 그 이야기를 더 이어가자면 노래에는 감정이 아주 중요하다. 노래에서 감정은 절대 뺄 수 없는 요소이다. 근데 이 감정이란 것은 발성의 정점을 찍지 않는 이상 목을 찌그러뜨려 표현을 해야 하기 때문에 발성과는 좀 반비례한다. 우리가 성악가들의 발성을 듣다 보면 이런 생각을 하게 된다. '와, 진짜 잘한다. 발성 장난 아니다'라고 생각을 하게 되지, '와, 감정 장난 아니다. 너무 슬프다' 이런 생각은 하지 않는다. 이게 발성의 유일한 단점이라고 생각하는 편인데 감정은 목을 찌그러뜨려야 되기 때문에 표현을 하려면 어쩔 수 없이 발성을 포기하면서 들어가야 한다. 반대로 발성을 포기할 수 없는 사람은 감정을 조금 포기하면서 들어가야 한다. 감정을 표현하면 노래의 감정이 극에 달할 수 있지만 목에 부담이 가는 소리를 내어야 하고, 발성은 감정의 표현을 덜 하게 되지만 질이 높은 고음과 편안한 고음을 낼 수 있게 해준다. 그래서 반비례 관계라고 말하고 싶은 것이다. 그러나 발성의 정점에 다다르면 우리가 생각하는 감정이 아니라 조금은 다른 감정을 표현할 수 있게 된다. 목을 찌그러뜨리는 감정을 애절한 감정이라고 한다면, 발성의 정점으로 갈수록 격한 분위기, 부드러운 분위기 등의 감정을 만들 수 있는 소리를 낼 수 있다. 쉽게 이해시켜 주자면 뮤지컬 같은 느낌의 감정이라고 생각하면 될 것 같다. 위에 글만 보면 감정이란 것이 참 안 좋다는 식으로 써놨지만 사실 노래는 감정과 분위기가 전부라고 해도 과언이 아니다. 편안한 발성, 목이 상하지 않는 발성을 설명하기 위해 장황하게 늘어놓았을 뿐, 특별한 상황에서 부르는 감정이 충만한 소리는 그 어떤 발성과도 비교할 수 없을 만큼 상대방에게 진한 감동을 줄 수 있다는 것을 명심하자.

나는 한국에서 득음을 했다고 생각이 되는 사람에게 배우기도 했고, 득음을 했다고 생각이 되는 이탈리아 선생님에게 배운 적도 있었다. 그 두 선생님 중 한 분은 남자였고, 한 분은 여자였다. 득음을 한 사람의 소리를 듣게 되면 이런 생각을 하게 된다. 남자 선생님에겐 '와, 어떻게 사람의 목에서 저런 소리가 나지'란 생각과 정말 가볍고 단단하며, 넓은 소리에 공명을 정확히 음에 맞게 딱딱 내는 것 같다고 느껴졌고, 여자 선생님한테서는 "와…"란 소리 없는 놀람과 얼굴이 멍해졌고, 소리에 압도당한다는 느낌을 받았다. 여자 선생님이 고음을 내면 15평 되는 방에서 마이크 없이 소리가 방 안 전체로 퍼져나가는 게 느껴지고, 마치 소리가 나의 뺨을 때리듯이 그 소리가 내 피부에 닿는 게 직접 느껴졌다. 득음을 한 경지가 되려면 이 정도는 돼야 한다는 생각이 드는 수준이었다. 그 두 선생님의 발성법에는 공통점이 있었다. 그것은 바로 몸에 힘을 빼서 숨을 깊게 들이마시는 것이었고, 발음을 할 때 배가 앞으로 나온다는 것이었다. 많은 사람들이 또 다르게 착각하고 있는 것 중에 하나가 바로 이것이다. 노래 부를 때 배에 압력이 잡히는 것에 대해 잘못 인지하고 있다는 것이다. 많은 사람들이 배에 힘을 똥 쌀 때처럼 준다고 생각을 한다. 이게 아주 잘못된 발성의 원리이다. 제대로 된 원리에 대해 간단하게 이해를 시켜주도록 하겠다. 발성을 하기 위해 우리가 숨을 들이마셔서 복식호흡을 하면 횡격막이 내려간다. 횡격막은 내장이고 복근은 근육이다. 근육은 내장기관을 지키기 위한 외부막인데 당연히 내부근육인 횡격막보다 외부근육인 복근이 힘이 더 셀 것이다. 횡격막이 배의 압력을 유지하기 위해 내려가면 내장들이 밀리게 되고 배가 나오게 된다. 근데 복근에 힘을 주고 있다면 당연히 횡격막이 복근보다 힘이 약하기 때문에 압력을 유지하기 위해 밑으로 내려올 수가 없을 것이다. 그러면 배가 앞으로 나올 수 없으니 당연히 목의 힘으로밖에 노래를 부를 수가 없게 될 것이고, 횡격막은 제대로 상호작용을 할 수 없을 것이다. 그러니 절대 노래하는 사람이나 발성을 하는 사람은 배에 힘을 주면 안 된다. 배의 압력은 내 몸이 알아서 스스로 들어가게 하는 것이지, 내가 힘을 주는 것이 아니다. 그러니 똥을 쌀 때처럼 힘을 주게 되면 몸에 긴장이 되고, 턱에 힘이 들어가게 되고, 식도가 열리며 숨이 안 들어오게 될 것이고, 숨이 안 들어오고 몸이 불편하니 고음에서 음을 못 올리겠다는 생각이 머리에 박히게 되는 것이다. 하지만 이것도 대다수의 사람들은 알지 못한 채로 노래를 배우러 가서 배에 힘을 주고 노래를 하라고 하는 선생님들이 있기에 오해가 생겨서 지금까지 세뇌가 되듯이 인식이 박힌 것이다. 그 선생님들도 알지 못해서 그랬던 것이지 나쁘다는 것은 아니다. 어떻게 보면 지금까지 소리와 발성 등을 정말 완벽하게 정리해 놓은 사람이 이 세상에 한 사람도 없는 이유가 모든 게 추상적이고, 추측을 할 수밖에 없는 상황이고, 그 사람들도 이렇다 할 정의를 하기엔 애매하기에 정의를 할 수 없었던 것이다. 왜냐하면 호흡장애와 발성의 연관성을 파헤치지 못했기 때문이라고 생각한다. 내가 배움을 받았던 득음을 했다고 생각을 하는 두 분도 정작 호흡장애에 대해선 아무것도 알지 못했고, 연관성도 몰랐다. 그저 정신적인 문제, 긴장을 많이 하는 문제로만 판단했다. 그 두 분은 호흡장애를 갖고 있는 사람들이 아니었기 때문이다. 그래서 엄청나게 대단한 트레이너들이 가르친다고 해도 배우는 사람은 한계에 부딪히고, 해결 방법을 모르기 때문에 좌절하고 무너지는 사람이 많았던 것이다. 자신을 깨뜨릴 수 있는 것은 오로지 자신이고 트레이너들은 그저 배우는 사람의 소리가 괜찮은지, 어떤지를 판단하는 것밖에 해줄 수가 없다. 그래서 트레이너들은 좋은 소리를 구별할 수 있는 경험과 귀를 만들어야 한다.

그럼 지금부터 호흡장애를 치료하는 치료 발성에 대한 이야기를 이어가도록 하겠다. 치료 발성은 생각보다 간단하면서도 쉽게 치료되지는 않는다. 아주 간단히 설명해 드리면 성대진동을 통해 간접적으로 목의 경직된 부분을 떨리게 하여 경직을 풀게 하는 방법이다. 치료가 잘되는 발음은 "아, 에, 이" 정도가 있고, 이렇게 소리를 크게 내기 힘드신 분들은 입을 닫고 허밍으로 소리를 내어주어도 충분하다. 먼저 신경을 내 몸 밖으로 보내야 하므로 시선을 눈앞 멀리에 있는 물체에 집중을 한 후 숨을 크게 들이마신다. 그다음 자신이 생각하는 중간 음이라고 생각되는 소리를 시작으로 계단식으로 다섯 번 정도 음을 올린다. 그렇게 다섯 번째의 음에 다다랐을 때 음을 내리기 시작하는데, 이때는 음을 계단식으로 내리는 것이 아니라 쭉 이어서 계속 내린다. 그렇게 내려가다 보면 음이 끊기는 부분을 발견하거나, 음이 나오는 것이 아니라 성대의 진동만 나오는 곳을 발견하게 될 것이다. 그 부분에 멈춰서 소리를 지속적으로 계속 내주어 자극하게 되면 진동만 나던 부분이 나중에 음이 나게 바뀌게 된다. 정말 심하게 경직이 된 곳을 치료하다 보면 눈물 날 정도로 아픈 부분이 있기도 하고, 경직된 목을 자극했는데 신경이 연결된 어깻죽지가 아프다거나 어깨 또는 허리가 아픈 경우도 있다. 그렇게 계속 자극을 주어 치료를 하다 보면 점차 같은 부위가 안 아파지게 된다. 그렇게 하나씩 하나씩 아픈 부분을 찾아서 치료하기만 하면 된다. 말은 정말 쉽지만 치료를 하면 할수록 어이가 없는 것은 경직된 부분을 치료하면 또 다른 곳이 고장이 나 있고, 이 부분을 다 치료하면 또 어딘가 목에 고장 난 부분이 나타난다. 쉽게 얘기하면 몸을 정상으로 돌려놓을 때까지 무수히 많은 치료를 해야 한다는 것이다. 내가 정말 치료하면서 미치겠다는 생각이 든 건 치료 발성을 해서 자극을 하면 금방 훅훅 치료되는 수준이 아닌 데다가 치료하면 또 어딘가 아픈 부분이 있다는 것이다. 그러니까 우리는 확 틀어져 있는 우리의 몸과 신경을 고치기 위해서 틀어진 처음부터 끝까지 하나하나

다 치료를 해야 된다는 말이다. 보통 한 부분을 치료하는 데에 걸리는 기간은 일주일에서 이 주일 정도 되는 것 같다. 더 오래 걸릴 때도 있다. 정말 신기한 건 그런 부분을 치료할 때마다 숨을 쉬는 것이 달라지고, 내 몸이 편안하다는 것을 점점 느끼게 된다. 그리고 여기에서도 신경발성법이 적용이 된다. 우리 목에서 하나의 소리 같은 성대진동을 내는 것 같아도 신경발성법에 의해 달라지는 소리 때문에 고장 났다고 느끼지 못했던 부분이 갑자기 나타나기도 하고, 처음에는 치료가 잘되다가 치료를 일정 수준까지 하게 되면 그 부분에서 성대를 움직이는 근육이 뚝뚝거리게 되는데, 마치 우리 몸에서 한계를 넘었다고 신호를 보내는 것처럼 더 이상 치료가 안 되는 경우가 많았다. 그럴 때는 신경발성법에 의해서 소리를 다르게 내다보면 뚝뚝거리던 한계가 좀 더 치료가 되기도 한다. 목에서 뚝뚝거리게 되면 뚝뚝거린 부분의 기능이 잠시 멈춰지기 때문에 호흡장애가 갑자기 심해진다. 그렇기에 최대한 뚝뚝거리게 만들지 말아야 하고, 혹시나 뚝뚝거리게 되면 빨리 다시 제 기능을 할 수 있게 치료 발성을 내어주어야 한다. 그래서 신경발성법으로 이 소리, 저 소리를 내면서 목을 치료하는 것만이 호흡장애를 완치를 할 수 있다는 말이다. 그래서 신경발성법과 호흡장애, 고빗사위 구간 등은 떼려고 해도 뗄 수 없는 관계가 있는 것이다.

신경발성법

사실 내가 하는 신경발성법으로 어떻게 소리를 내야 하는지에 대해 글로 이해를 시켜준다는 것은 엄청난 무리가 있기 때문에 설명을 듣고 받아들이는 것에 한계가 있을 수밖에 없다. 왜냐하면 내가 소리를 내는 방법이 너무나도 다양하기 때문이다. 내가 전에 간단하게 한 부분에만 신경을 집중시킨 상태로 소리를 내는 방법에 대해 예를 들어줬다. 근데 생각보다 신경발성법은 복잡하다. 내가 예전에 치료 발성을 하기 위해 적어둔 신경발성의 방법 몇 개를 서술하자면 첫 번째는 '신경이 어깨부터 시작된 상태로 뒤 아래턱을 열고, 혀에 힘을 빼서 이완시키면 목구멍이 열리는 느낌이 난다. 그 목구멍을 유지한 채로 고개를 당기고 발바닥의 중간에 신경을 두면 가슴 쪽에 신호가 온다. 그 신호를 기준으로 들숨, 발음을 하는데, 발음을 할 때 가슴 신호에서 아! 아! 하면서 입술이 사용되는 것을 알아야 한다'이며, 두 번째는 '어깨에 힘을 빼고 뒤 턱에 힘을 빼서 아주 가볍게 아래로 열어준다. 그 후 고개를 당겨주면 배에 신호가 오는데, 그 신호를 기준으로 숨을 깊게 들이마신다. 발음을 할 시에는 배에 공기가 찬 것을 기준으로 아! 아! 하는데 발음을 한 후에 공명이 머리 위에 있어야 한다' 등등이 있다. 아마 이 글만 보고는 당연히 이해를 하기가 힘들 것이고 무슨 말을 하는지 알 수가 없을 것이다. 그리고 이해를 안 해도 된다. 이 과정은 내가 치료를 하기 위하여 신경발성법으로 잠시 스쳐 갔던 방법일 뿐이니 따라 하지 않아도 된다. 좀 더 쉽게 이해시켜 주자면 신경을 옮기고 집중되는 부분마다 소리가 달라진다고 했는데, 아주 단순히 한 곳에만 신경을 집중시켜서 소리를 내는 걸로는 한계에 부딪혀 치료가 불가능하게 된다는 소리이다. 그런데 단순히 소리를 내는 것만이 결괏값이 달라지는 게 아니라 어느 한 부분에 신경을 집중시킨 후에 숨을 들이마시고, 발음을 할 때는 다른 부위에 신경을 집중시켜 소리를 내면 또 소리가 달라진다. 우리 몸의 정말 무수히 많은 곳에 신경을 집중시킬 수 있고 또 숨을 들이마시는 포인트와 소리를 내는 포인트를 이곳, 저곳에 조합을 하다 보면 끝이 없는 요소들이 많다. 더군다나 내가 만약 손바닥에 신경을 집중시킨 후에 소리를 내는 것과 내가 손바닥에 신경을 집중시킨 후에 발바닥을 한 번 거쳐서 다시 손바닥으로 와서 신경을 집중한 뒤에 소리를 내면 또 그 소리가 다르다. 하나 더 말해주자면 특정 부분을 거쳐서 오거나 신경을 집중하는 순서만 바뀌어도 소리가 다르게 난다. 지금 이 글을 이해했다면 아마 당신은 절대 혼자서 하고 싶은 엄두도 나지 않을 것이다. 이러니 아무것도 모르는 사람이 시작했을 경우에 엄청난 시간이 걸릴 것이라고 예상을 할 수밖에 없는 것이다. 난 호흡장애를 치료하기 위한 시간으로 거의 10년 이상을 보냈다. 이 글을 읽는 사람이 처음부터 치료를 할 때는 아무것도 없는 무의 상황이 아니라 내가 어느 정도 개념을 적어놨기 때문에 그것을 이해하는 것만으로도 10년까지 걸리진 않을 것이다. 어느 정도 이해를 한 상태로 내가 도와주는 것이 아니라 혼자서 치료를 시작한다면 아마 3년 이상 걸릴 것이라고 예상을 해보겠다. 매일매일 연습했을 때 말이다. 그 이유는 신경발성법을 이용해 자신의 몸에 하나하나 신경을 갖다 놓고 소리를 내어 이해하기까지가 오래 걸리기 때문이다. 어떻게 하면 치료가 잘되는 소리를 낼 수 있는지 알지 못하기 때문에 하나하나 소리를 내어가며 확인을 해봐야 한다는 말이다. 여기서 주의할 점은 신경발성법을 통해 치료 발성을 하여 발성이 제대로 나와 호전이 된다면 좋겠지만, 제대로 하지 못해서 호흡장애가 더 심해질 수도 있다는 것을 명심해야 한다. 혹시나 치료 발성을 하다가 호흡장애가 더 심해지게 될 경우엔 심각해하지 말고 다른 신경발성법을 바로 시행하면 된다. 즉, 발성이 바뀌면 평소 호흡이 바뀌어

호흡장애 증상이 바뀐다는 말이다. 혹여나 '그래도 시간이 지나면 낫겠지'라는 생각을 가지신 분이 계신다면 그 생각을 버리는 것이 좋다. 호흡을 바꾸면 또다시 바꾸기 전까지는 잘 바뀌지 않고 그 상태를 계속 유지하는 경우가 많기 때문이다. 내가 모두에게 도움을 줄 수 있으면 좋겠지만 호흡장애가 있으신 분들 모두를 치료하는 것에 있어서 도움을 줄 수 있는 부분도 아니기에 호흡장애가 진짜 너무 심해서 정신적인 스트레스가 심하신 분들은 혼자서 치료를 강행할 때는 큰 결심을 한 후에 시작하는 것을 추천한다. 지금 이 책을 읽고서 호흡장애가 심한 분들에겐 치료가 더딘 것이 문제가 아니라, 우리가 이 알 수 없는 병을 호전시킬 수 있는 방안을 알았다는 것에 큰 희망과 의의를 두어야 한다고 생각한다. 나는 지금 이 호흡장애라는 병과 77억 만분의 1로 싸우고 있다고 생각한 적이 많다. 왜냐하면 77억 명 인구 중 나 혼자만 이 외로운 싸움을 하고 있기 때문이다. 나의 이 이야기를 앞으로 누가 들어줄 수 있을지는 모르겠으나 현재로선 그 누구 하나 내 이야기를 들어주고 있지 않기 때문이다.

발성의 구별법

그럼 이제 발성을 잘 구별하는 방법을 알려주도록 하겠다. 좋은 소리를 구별하는 방법은 참 다양하다. 소리를 내면서 확인하는 방법과 소리를 낸 후에 목의 상태를 확인하는 방법이 있고, 또 발성 후 내 몸에 변화된 상태를 확인하여 대충 짐작할 수도 있다. 지금까지 우리는 좋은 발성이라고 느낀 소리를 딱히 정의해 놓은 것이 없다. 그저 내 귀에 거슬리지 않는 소리를 내거나 내가 좋아하는 가수들의 발성, 성량이 크게 나오는 발성, 고음이 잘 올라가는 발성 등등을 개인차에 의해 '이 소리는 좋다, 저 소리는 별로다'라고 주관적으로 판단해 왔다. 어차피 이 정의에 대해서는 정답이 없기 때문에 자신의 만족에 부합하는 소리가 최고라고 생각한다. 내가 정의하는 최고의 발성은 자신의 목이 상하지 않으면서 가볍고, 소리가 하나로 연결되어 높은 고음을 내어도 귀에 거슬리지 않으며, 공명이 크고 입 밖으로 빠져나오는 소리이다. "과연 이런 소리를 낼 수 있을까?"라는 질문을 받는다면 나는 "자신이 낼 수 있는 최고의 소리를 낸다면 가능하다"라고 답변을 해주고 싶다. 결코 불가능하다는 얘기가 아니란 말이다. 저런 소리를 내기 위해서는 내가 위에 정의해 놓은 모든 것을 해결해야 한다. 아마 일반인들은 저 소리를 들어보지 못했을 거라 짐작을 하지만 실제로 들어보면 '이게 사람으로서 낼 수 있는 소리야?'라는 느낌을 받게 될 정도의 엄청난 벽이 느껴지는 수준일 것이다. 난 정말 많은 소리를 내보면서 목이 안 상하게끔 하는 발성을 찾아보았다. 소리가 입 밖으로 빠져나가는 발성, 성량이 큰 발성, 감정이 많이 들어간 발성, 공명만이 울리는 발성 등등을 말이다. 하지만 저 모든 것이 내 몸과 상호작용을 하지 않고 목에서만 나게 된다면 결국 목이 상하게 된다. 그렇다면 우리 몸이 상호작용을 하게 되는 소리란 어떤 반응이 오는 것일까? 하는 의문을 가질 수 있다. 우리 몸이 발성을 할 경우 반응하는 상호작용은 배의 압력에 의해 배가 저절로 앞으로 나오게 되는 것과 소리가 입술 앞쪽에서 시작되는 느낌, 입술이 저절로 사용될수록 좋고, 가장 중요한 건 소리를 낼 때 안정감이 있어야 한다는 것이다. 쉽게 말하면 모든 게 저절로 돼야 한다는 소리이다. 그렇게 정말 제대로 된 소리가 나올 경우 넓은 소리가 입 밖으로 빠져나가고, 고음은 가벼우며 공명이 들릴 것이고, 귀에 거슬리지 않으면서 고빗사위 구간이 없어질 것이다. 그런데 이런 소리를 내기 위해서는 턱에 힘이 빠진 상태가 기본인 몸이 되도록 흐트러지지 않아야 하고, 호흡장애가 없어야 하며 신경발성법에 의해 제대로 된 소리를 찾아야 한다. 글자로는 정말 쉽게 기술해 놨지만 이걸 할 수 있다면 당신은 이미 대단한 소리를 낼 수 있는 사람으로 유명해져 있을 것이다. 앞에서 적어놓은 득음이라는 수준이다. 많은 사람들이 지금까지 득음을 하기 위해서 노래방에서 고음도 지르고, 성대의 질병도 걸리며 엄청난 노력을 해왔다. 하지만 거의 대부분은 득음이라는 경지에 도달하지 못했다. 가장 큰 이유라고 한다면 아마 발성에 대한 잘못된 인식이 머리에 세뇌되어 그것이 정답인 줄 알고 계속 그대로 했기에 성대 관련된 병에 의해 좌절하고 포기했기 때문이라 생각한다. 성대와 관련된 질병이 생기는 이유 중 첫 번째는 목이 건조해진 상태가 지속되는 것이고, 두 번째는 성대가 제대로 붙지 않아 진동을 내지 못하는 목소리로 평소에 계속 말을 하는 것, 세 번째는 잘못된 발성으로 목에 많은 부담을 주는 것 정도가 되겠다. 이 세 가지 중에 가장 문제가 많은 건 두 번째인 진동을 제대로 내지 못하는 목소리로 말하는 것이다. 많은 이들이 생활 습관에 의해 내 목소리가 아닌 목소리로 말을 많이 하게 된다. 쉽게 얘기하면 목소리 톤을 높여서 말하는 경우 또는 너무 낮게 말하는 경우이다. 예를 들자면 콜센터 직원들의 목소리를 상상해 보자. 그들은 목소리 톤을 굉장히 높여 말을 하는데, 톤을 높여 말하게 되면 성대의 진동이 없어지는 소리를 내게 된다. 많은 사람들이 예쁘게 말을 하고자 톤을 높여서 말하는 습관이 많은데 그 습관은 듣는 사람으로 하여금 예쁘게 들릴 수는 있으나 자신감이 없는 목소리, 작은 목소리로 들리게 된다. 성대진동이 없어지는 소리를 내게 되면 소리가 입 밖으로 빠져나갈 수 없고, 목소리도 작고, 성대가 진동을 제대로 하는 것이 아니기에 호흡이 많이 스쳐 지나가 목이 더욱 금방 건조해져 쉬게 된다. 그래서 콜센터 직원들이 목이 많이 쉬고 성대질환에 잘 걸리는 것이다. 우리는 콜센터의 직원들과 성우들의 목소리를 비교해서 누구의 목소리가 더 예쁜 것 같냐고 질문을 한다면 100명 중의 90명은 성우들의 목소리가 더 예쁘고 개성 있다고 할 것이다. 물론 예외는 있을 수 있다. 그러면 성우들의 목소리를 분석해 보자. 성우들의 목소리를 자세히 관찰하면 성대진동이 굉장히 많이 일어나는 목소리로 말을 한다. 아나운서도 마찬가지이다. 그들은 예쁜 목소리가 주가 아닌, 상대방에게 크고 또렷하게 전달되게끔 하기 위해 성대진동이 많이 나게 하는 연습을 한다. 그렇게 하다 보니 예쁜 목소리와 개성이라는 것이 저절로 딸려오게 되어 우리들의 인식에 박혀 있는 것이다. 더군다나 성우들이 목 관리를 열심히 하기도 하지만 말을 많이 하는 직업임에도 불구하고 성대질환 등에 걸리는 현상을 생각보단 많이 보지는 못했을 것이다. 그만큼 성대의 진동이 우리 목에 큰 영향을 미치게 된다. 면접을 볼 때도 마찬가지이다. 우리의 목소리는 생각보다 상대방에게 신뢰감을 주는 것에 큰 영향을 미친다. 만약 자신이 면접관이라고 생각하고 면접을 본다면 면접을 보러온 사람이 톤을 높여서 잘 들리지 않고 자신감 없는 목소리를 내는 사람과 성우처럼 단단하고 성대진동이 강하고 또렷한 목소리를 내는 사람 중 누구에게 더 신뢰가 가겠는지 생각해 보자. 물론 스펙 같은 것은 제외하고 목소리로만 구분한다고 하면 말이다. 성대와 소리에 대한 개념에 대한 서론이 너무 길었으니 이제 정말 목소리를 구분하는 방법을 알아보도록 하자. 먼저 발성을 할 때 목소리를 내면서 확인하는 방법을 알려주자면 목소리를 낼 때 목이 쉽게 상하지 않는 소리는 '직접적인 내 목소리'와 입안의 '공간적인 소리'가 둘 다 넓은 듯이 소리가 내어져야 한다. 우리가 평소에 말을 하는 것은 직접적인 목소리와 공간적인 소리가 둘 다 얇게 나오는 소리이다. 이 상태로 노래를 부르게 되면 조이는 소리가 나게 되는데 흔히 노래를 처음 부르는 사람들이 노래를 부르는 것을 생각하면 된다. 그러다가 어느 정도 노래를 잘하는 사람의 노래를 들어보면 중음, 고음 정도에서 목소리가 넓어지는 경향을 볼 수 있을 것이다. 그것은 우리 몸에서 중음, 고음을 내기 위하여 좀 더 편안하게 소리를 내도록 자연적으로 변화되는 소리이다. 하지만 이것도 목이 상하게 된다. 내가 방금 전에 발성을 할 시에 목이 안 상하려면 직접적인 소리와 공간적인 소리가 둘 다 넓게 나와야 한다고 했다. 직접적인 소리를 넓게 내고 싶으면 턱에 힘을 빼야 하고, 공간적인 소리를 넓게 내고 싶으면 신경발성법을 잘 적용해 숨을 깊게 들이마셔서 복식호흡이 제대로 되어 입안의 공간이 소리를 내기 전에 넓어져 있어야 한다. 그렇게 결과적으로 잘 되면 머릿속으로 소리가 얼굴 앞으로 뻗어 나와 있다는 것을 자연스럽게 인지하게 될 것이고 배와 입술이 반응하게 될 것이다. 그렇게 돼야 비로소 목이 상하지 않는 소리를 낸다고 할 수 있다.

우리는 흔히 목이 쉬면 목을 많이 사용했다고 생각하고 제 기능을 하지 못한다고 생각한다. 틀린 말은 아니지만, 우리의 목이 쉬는 경우는 또 다른 이유도 있다. 발성을 잘못하는 습관에 의해 목이 쉬는 경우도 있지만, 내 목이 경직돼 있는 상태를 자극하게 될 경우에도 목이 잠시 동안 쉬게 된다. 그리고 발성을 제대로 한다면 목이 쉬어 있더라도 음을 내는 것에 큰 부담을 느끼지 않는다. 내가 만약 노래를 했는데 목이 쉬어서 고음을 못 올리겠다는 판단이 든다면 내 몸에 부담이 가는 발성을 하고 있다고 생각을 하면 된다. 그리고 웬만하면 발성을 제대로 했을 경우 목을 인위적으로 조여서 갈리는 듯한 스크래치 소리를 내거나 그로울링 소리를 낸다거나 하지 않는 이상은 고음을 냈다고 해서 목이 쉬거나 하지는 않는다. 그래서 발성 또는 노래를 한 경우에 가볍게 "아~"라고 발음을 했을 때 목이 쉬어 있지만 한 30초 후에 성대진동이 다시 돌아온다면 목의 경직된 부분을 자극해서 잠시 쉬게 된 경우일 것이고, 시간이 조금 지나도 계속 쉬어 있거나 성대진동이 없고 고음을 내는 것에 지장이 생긴다면 몸에 부담이 가는 발성을 했을 확률이 높다. 또 우리 몸의 상태로 발성을 구별하는 법이 있는데 내가 가장 주로 활용하는 방법은 주먹을 가볍게 쥐어보는 것이다. 내가 앞에서 손가락을 깍지 껴서 뚝뚝거리면 뚝뚝거린 곳이 제 기능을 잠시 동안 하지 못해서 주먹을 쥐어도 힘이 잘 안 들어가고 힘 빠지는 느낌이 난다고 했다. 그걸 이용해서 확인을 해보는 것이다. 내가 손을 뚝뚝거린 것은 아니지만 내가 발성을 했을 때 목구멍에서 나도 모르게 뚝뚝거렸거나 발성을 잘못했을 경우에 주먹을 가볍게 쥐어보면 힘이 빠지는지, 오히려 힘이 들어가는지 구분을 할 수 있기 때문이다. 대체로 힘이 빠지는 발성은 호흡장애를 더 유발하는 경우가 훨씬 많았고, 발성적으로도 그다지 좋은 편은 아니었다. 우리 몸은 생각보다 세세하고 민감하기 때문에 목에서 고장이 났어도 신경이 연결된 손바닥으로 구분을 할 수 있다고 판단하는 것이다. 이것들이 발성을 구별하는 몇 가지 방법이라고 할 수 있다.

이런 일도, 저런 일도

나는 예전부터 노래를 아주 못했다고 생각한다. 주변 친구들은 날 보면서 발성을 배우기 전에 노래를 더 잘했다고 말하기도 했다. 발성을 배우기 전에 난, 엄마한테서 가사를 표현하는 법을 어릴 때 배웠다. 특정 가사에 간드러지게 부를 수 있게끔 말이다. 예를 들어 '사랑'이란 노래 가사를 부를 때는 사랑이란 단어 자체가 갖고 있는 이미지를 상상해 보자면 따스함, 애틋함, 연약함 등의 무언가 조심스러우면서 아껴주는 느낌이기에 손으로 살살 쓰다듬어야 하는 듯한 생각이 든다. 그래서 발음 시에 너무 딱딱하게 부르면 노래 표현에 있어서 감정 전달이 잘 안될 수 있다고 배웠다. 그리고 때로는 거친 표현을 하기 위한 단어로도 사용될 때가 있으니 거칠게 강조할 수도 있다는 것이다. 이처럼 가사가 주는 문맥을 이해하면 그 단어를 약하게 불러야 할지, 강하게 불러야 하는지에 대한 감이 오게 된다. 이런 표현 방법을 이해하고 노래방에서 노래를 부르면 친구들이 트로트같이 부른다고 많이들 얘기하곤 했다. 감정은 잘 넣는다고 듣는 날도 몇 번 있기도 했지만, 대부분은 트로트 같다고 했다. 그럼에도 내가 발성을 배우러 간 계기는 어릴 적의 꿈 때문이라고도 하지만 또 다른 이유는 노래를 부를 때 고음도 안 올라가고 너무 힘이 들었기 때문이다. 아마 그때부터 몸이 불편하게 소리를 내는 것이 이해가 안 가고 내가 잘못하고 있다고 생각했었나 보다. 그래서 발성을 배우는 것에 좀 더 의욕을 가진 것일지도 모른다. 어떻게 보면 난 예전이나 지금이나 노래를 잘한다고 생각이 되질 않는다. 이것도 발성을 하면서 좌절을 너무 많이 하고 남들과 비교하다 보니 내 스스로 점점 내려놓게 된 것 같기도 하다. 발성을 하면서 정말 너무 스트레스를 받아 포기하려고도 많이 했지만 짜증 나게도 머릿속에서 자꾸 '이렇게 발성을 해볼까, 저렇게 발성을 해볼까?'라는 의문들이 스쳐 지나갔다. 그래서 어쩔 수 없이 계속하게 되는 끈기와 오기, 열정이 있을 수 있었던 것 같다. 내 머릿속에 발성이 떠오르는 내가 너무 싫기도 하고 정말 점쟁이 할머니의 말처럼 운명대로 그 길을 가고 있는 건지, 알 수 없는 미래를 향해 발을 내디디는 것이 너무나 두려웠다. 발성의 정점을 찍고 싶기는 하나 주변 상황은 나를 점점 압박해 왔으니 부담이 될 수밖에 없다고 생각한다. 또 이걸 한다고 해서 내가 잘 먹고, 잘 산다는 보장도 없기 때문에 지금도 난 여전히 계속해야 하나 말아야 하나 고민을 하고 있다. 내가 발성을 아주 오랫동안 했다고 하더라도 생각하는 발성이 아닌 아무 생각 없이 노래를 그냥 부르게 되면 다시 여전히 목을 조이면서 노래하게 되곤 했다. 그래서 아예 포기할 수도 없었다. 포기하게 되면 지금까지 달려온 모든 것을 내려놓는 것이니 말이다. 혹시 내가 이 책을 쓰고는 욕심을 버리고 그만두게 될지도 모른다. 이 책을 마지막으로 말이다. 책을 읽는 독자들은 이런 의문을 가질지도 모른다. '발성을 열심히 했으면 그걸로 레슨을 하거나 그러면 되지 않나?'라고 말이다. 나도 그런 생각을 해본 적이 있지만 세상은 그렇게 만만하지 않다. 저번에도 말했듯이 우리들의 인식에서 발성, 노래를 배우기 위해선 피아노의 음계를 따라서 발성 연습을 한다는 상상을 한다. 하지만 내가 위에 적어놓은 대로 악기는 발성을 제대로 하기 위해서 필수도 아니고, 딱히 필요하지도 않다. 그래서 난 피아노도 발성을 하기 위해서 다시 배우다가 관뒀다. 거기에 내가 아직 이 책을 세상에 알린 것이 아니기에 내 발성법은 이 세상에서 내가 신경발성법을 테스트하기 위해 연습시킨 몇 명 외에는 아무도 모른다. 그런 상황에서 사람들이 피아노도 안 치고, 뭔 이상한 발성법을 가르치는 괴짜라고 생각할 것이다. 물론 나한테 배운 사람들은 나를 조금은 신뢰하고 잘 따라오기도 했다. 왜냐하면 신경발성법이 다른 사람에게 바로 적용이 되기 때문이다. 나는 신경발성법을 테스트하기 위해 노래와 고음에 관심이 많은 내 친구와 다른 이들에게 적용해 보았다. 그 친구에게 처음 적용했을 때 친구 자신은 잘 못 느꼈으나 내 귀를 속일 수는 없었다. 그렇게 그 친구에게 신경발성법의 소리를 여러 번 적용해 끊어지는 듯한 느낌의 노래를 부드럽게 연결되도록 나오게 만들기도 하고, 노래를 부를 때나 고음을 할 때 좀 더 편안하게 느껴지게끔 만들어 주기도 했다. 나중에는 그 친구도 자신의 변화된 목소리를 녹음을 통하여 알게 됐고, 좋은 소리가 나오는 것을 구별할 수 있도록 귀를 살짝 열리게 만들어 주기도 했다. 그래서 그 친구도 나를 은근히 신뢰하면서 내 신경발성법을 다음에는 어떻게 적용이 될지 궁금해하기도 했다. 하지만 그 친구도 꾸준히 생각하면서 하는 편이 아니라 내가 가서 신경발성법을 적용해 주면 며칠 동안 연습을 안 하다가 금방 까먹곤 했다. 이 외에도 다른 사람한테도 적용했을 때 소리가 바로 바뀌기도 했고, 나를 신뢰한다는 그 친구의 어머니를 가르친 적도 있다. 어머니는 교회에 성가대로 노래를 해야 하는 상황이 생기셔서 배우는 계기가 됐는데, 그 어머니께서는 사실 나에게 배우기 전까지 고음도 잘 못 올리시고 자신감도 많이 부족하신 상태였다. 어느 정도였냐면 교회에서 노래를 부를 땐 립싱크만 하거나 조용히 노래를 부르곤 하는 정도였다. 그래서 어머니와 같이 교회에 다니는 다른 두 분의 어머니를 잠깐 가르쳐 드렸는데 처음에 어머니들께서 피아노가 없어도 되냐고 그러기에 없어도 된다고 얘기하고, 신경발성법의 간단한 방법 등과 개념, 몸에서 하는 반응, 첫소리의 중요함 등을 이해시켜 드리고는 애국가로 연습했다. 발성을 할 때 중요한 것 중에 하나가 첫소리를 얼마나 잘 내느냐인데 첫소리가 처음부터 애매하게 나게 되면 소리 내는 것을 5초 정도 멈추지 않는 한은 처음 시작된 목소리가 계속 이어져 간다고 생각을 하면 된다. 중간에 소리를 바꾸질 못한다는 것이다. 그래서 내가 첫소리를 내기 전에 심기일전하여 확실하게 좋은 발성으로 좋은 소리를 내어야 그게 이어져서 후반에도 좋은 소리를 유지할 수 있게 된다. 즉, 좋은 소리로 첫소리를 내가 낼 수 있는 100의 소리를 낸다고 가정하면 중후반에 가서 70까지의 소리를 낼 수 있다. 그러나 반대로 생각해서 좋지 않은 소리로 첫소리를 내게 되어 70의 소리로 시작하게 된다면 중간에 바꿀 수 없기 때문에 70의 소리가 40까지 떨어진다는 이야기이다. 그래서 첫소리가 굉장히 중요하고, 그 이후에도 다음 호흡과의 연관성이 있기에 잘 내어야 한다는 말이다. 그렇게 시작된 연습에서 처음에 애국가를 하실 때 자신감도 없고, 목소리 톤도 높게 하는 목소리로 애국가를 부르곤 하셨다. 여기가 많은 분들이 오해가 생기는 부분인데, 전에 얘기한 환경에 의해 생긴 습관 등으로 인해 톤을 높이는 목소리와 예쁜 소리를 내겠다는 생각 때문에 노래를 부를 때도 예쁘게 부르려는 습관을 갖게 된다. 그러나 톤을 높이는 목소리는 예쁜 소리가 아니라고 말했고, 성우처럼 성대진동이 많이 일어날수록 부담이 덜 가는 목소리라고 했다. 그렇다고 일부러 성대진동이 많이 나게끔 의식하는 것도 좋지 않다. 그렇게 하면 신경발성법에 의해 신경을 성대 쪽으로 옮겨 계속 관심을 두게 되고, 그럴 경우 신경이 우리 몸에 들어와 있게 되고, 그것에 의해 호흡장애가 유발되기 때문이다. 자연스럽게 말할 때 성대진동이 많아지는 것이 좋다는 말이다. 또 착각하고 있는 것이 하나 있다면, 우리의 목소리는 대부분 자기가 생각하는 것보다 더 크게 나와야 한다. 우리는 웬만하면 애국가를 부를 때 일반 가요처럼 부르지 않는다. 보통 아무 감정 없이 크게 부르는 애국가가 원래 우리의 목소리이고, 높게 느껴지는 고음이 원래 우리의 고음일 확률이 높다는 것을 말이다. 하여튼 그렇게 약한 달 정도 어머니들을 교정해 드렸는데 친구네 어머니는 호흡장애가 많이 없어서 실력이 일취월장하셨다. 성가대에서 칭찬도 많이 들을 정도라고 해서 뿌듯하기도 했다. 나머지 두 어머니들도 잘하셨지만 두 분은 호흡장애가 있었다. 한 분은 거의 득음을 하듯 소리가 났지만 목의 어느 부분이 고장이 나 있어서 처음에는 완벽한 소리가 났어도 고장 난 부분을 거치게 되면 생목처럼 바뀌면서 유지가 안 됐다. 하지만 정말 180도 달라졌다고 느껴질 정도로 다른 소리를 내서 다른 어머니들을 깜짝 놀라게 하기도 했다. 다른 한 어머니도 잘하셨는데 호흡장애가 가장 심했었다. 그 당시에 난 호흡장애 치료에 대해 확실한 방법을 제대로 알지 못하기도 했고, 또 호흡장애에 대해 세상에 알려진 바가 없었기에 그것을 설명하면서 어머니들께 엄청난 시간을 투자해서 치료하라고는 할 엄두가 나지 않았다. 그렇게 어머니들을 가르치다가 내가 타지에 갔다가 오느라 레슨을 못 하게 됐고 결국 레슨은 끝이 나고 말았다. 이렇게 다른 사람들에게 적용해 보는 짧은 기간이 끝나고 다른 사람에게도 충분히 적용이 된다는 확신을 가졌고, 내가 틀리지 않았다는 것을 확인하는 시간이 됐다. 혹시 노래방에서 마이크로 노래를 많이 부르는 분들이 계신다면 마이크 때문에 볼륨이 크게 나더라도 내가 생각하는 것보다 목소리를 크게, 성대진동이 많이 나게끔 발음을 하라고 말하고 싶다. 그렇다고 너무 무리하게 성대진동을 많이 내려고 하는 것은 옳지 않으며 무조건 자연스러워야 한다. 우리는 흔히 노래방에서 노래를 부를 때 자신의 방식대로 노래를 부르기보다는 가수들의 목소리를 모창하면서 부르게 된다. 가수들의 모창을 하면 내 목소리의 톤보다 대부분은 높게 노래를 부르게 된다. 그래서 목소리가 약하게 나오고, 성대진동이 없어지기에 목이 상하게 된다고 생각하면 된다.

너의 자세는?

시간이 지나 난 좀 더 변화되는 내 몸을 관찰했다. 발성을 할 때 신경발성법에 의해 소리가 달라지기도 하지만 우리 몸의 자세가 바뀌는 것에도 소리가 바뀌게 된다는 것을 알게 됐다. 쉽게 이해시켜 주자면 많은 분들이 노래방에서 노래를 부를 때 앉아서 부르는 것과 서서 부르는 것이 다르다는 것 정도는 많이 느껴봤을 것이다. 바로 그것에 대한 이야기이다. 말 그대로 자세가 바뀌면 발성 또는 호흡에 영향을 미친다는 말이다. 우리가 앉거나 누워 있을 때는 편안하긴 하지만 우리 몸의 신경이 어딘가는 눌려 있을 확률이 높다. 그래서 결과적인 소리가 다르게 나고 좀 더 힘이 들게 되는 것이다. 그래서 가장 좋은 자세는 바닥에 맨발로 서서 정자세로 가만히 부르는 것이 제일 좋다고 생각을 한다. 근데 잘 생각해 보면 우리는 노래를 부를 때 마이크를 한 손으로 들고 노래를 부른다. 그러면 그것도 소리가 다르냐? 그렇다. 그 마이크를 들기 위해 손을 들어 올린 것도 소리가 다르다고 말하겠다. 이해가 안 된다면 예를 들어주겠다. 먼저 양발의 발가락을 정면 앞으로 바라보게끔 일자로 만들어서 노래의 1절을 한번 불러보자. 그리고 고음에서 어떤 소리가 나는지 확인해 본다. 그 후에 발을 팔자걸음처럼 양쪽 발끝을 좌, 우로 확 돌린 상태로 노래의 2절을 불러보자. 그때에도 고음에서 어떤 소리가 나는지 확인해 본다. 자신이 소리의 차이를 잘 구분할 줄 아는 사람이라면 1절과 2절을 했을 때 소리가 다르다는 것쯤은 알 수 있을 것이다. 더욱 신기한 것을 알려주자면 내가 전에 우리 몸은 엄청 세세하고 민감하다고 했다. 그 말을 좀 더 확실하게 증명하는 것이 바로 우리 눈의 시선이 바라보는 방향만 바꿔어도 소리가 달라진다는 사실이다. 말도 안 된다고 생각이 들겠지만, 또 예를 들어줄 테니 잘 따라 해보길 바란다. 우선 노래 1절을 부를 땐 정면을 바라보고 노래를 불러보자. 그리고 소리가 어떻게 나는지 확인을 해보자. 그리고 2절을 부를 땐 눈을 치켜올려서 소리를 내보거나 눈의 시선을 아래로 내려서 노래를 불러보고 소리가 어떻게 나는지 확인을 해보자. 눈의 시선을 내리는 것만으로도 내 목에 무언가 근육이 움직이는 게 느껴질 것이다. 그러니 당연히 소리가 다르게 난다. 많은 분들이 노래방에서 노래 가사를 눈으로 따라

가면서 열심히 따라 불렀을 것이다. 그게 계속 내 목에 긴장을 주고 부담을 주는 행위인지는 아무도 몰랐을 것이다. 그래서 난 노래를 가르치거나 부를 때 웬만하면 가사를 외운 상태에서 부른다. 박자도 그렇게 중요하게 생각하지 않는다. 가사를 외우지 않거나 박자를 자신이 모른다면 결국 그것을 따라가기 위하여 눈알을 열심히 굴려야 하고, 박자를 맞추기 위해 긴장을 하면서 맞춰가야 한다. 그러한 조건들이 머릿속에서 발성에 대해 온 신경을 집중해도 모자랄 판에 열심히 방해를 해댈 것이고, 내 목을 옭아매게 될 것이다. 가사를 외우고, 발성이 제대로 된다면 음을 높이는 것이나 박자를 따라가는 것은 소리를 내는 것에 대한 부담이 없기 때문에 쉽게 해결이 되는 문제란 소리이다. 이제 우리 몸이 얼마나 예민한지에 대해 이해가 좀 됐을 것이다. "그러면 시선을 어떻게 하는 게 제일 좋은가?"라고 질문을 받는다면 왼쪽 눈과 오른쪽 눈의 균형을 적당히 맞출 수 있도록 정면을 바라보고 신경이 가볍게 멀리 집중되는 것이 좋다고 생각한다. 예전에 호흡장애가 심해질수록 눈의 신경이 멀리 집중이 되는 것이 아니라 우리 몸속, 얼굴 속으로 점점 들어온다고 했다. 호흡장애가 없다면 자연스럽게 멀리 가볍게 집중될 것이다. 그러면 눈의 양쪽 균형을 어떻게 맞출까? 우리의 눈은 대체로 한쪽을 기준 눈으로 잡고 많이 사용된다. 그런데 그것을 의식을 하는 것만으로도 한쪽 눈으로 기준이 잡히는 것을 예방할 수 있다. 대체로 몸이 한쪽으로 틀어지면 한쪽 눈으로만 기준이 잡힐 확률이 높다. 그리고 한쪽 눈으로만 기준을 잡으면 발성을 할 때 안 좋은 점도 있다. 바로 기준으로 잡힌 눈 쪽의 성대를 반대쪽보다 더 많이 사용하게 된다는 것이다. 말도 안 된다고? 그러면 시험을 해보면 된다. 노래를 1절을 부를 땐 인위적으로 의식해서 오른쪽 눈에만 기준을 잡고 노래를 불러보고 소리를 확인해 보자. 그리고 2절을 부를 땐 인위적으로 의식해서 왼쪽 눈에만 기준을 잡고 노래를 불러보고 소리를 확인해 보자. 다만 정말 확실하게 왼쪽 눈과 오른쪽 눈의 기준이 각각 잡혔다고 확신이 됐을 때 불러야 한다. 당신은 기준이 달라지는 눈에 의해 달라지는 소리를 확인하고 나에 대한 신뢰가 엄청나게 높아질 수도 있다. 물론 잘 느끼지 못해서 나에 대한 신뢰가 떨어질 수도 있지만, 아마 대부분은 느낄 수 있을 것이다. 호흡장애가 있는 사람이라면 더욱 확실하게 느낄 수 있을 것이다. 그래서 듀오 가수들이 원래 노래를 부르던 위치에서 서로 자리를 바꿔서 노래를 부르게 되면 어색하게 느끼고, 이상하게 느끼는 것이다.

지금까지의 내용을 잘 조합해서 보면 우리는 자세를 바꾸는 것만으로도, 생각을 바꾸는 것만으로도, 심지어 눈의 시선을 옮기는 것만으로도 소리가 바뀐다는 것을 알아보았다. 그래서 나온 정답을 추측해 보면 몸이 틀어진 곳이 적을수록, 바른 자세를 취할수록, 시선이 바르게 멀리 편안히 집중될수록 좋은 소리를 낼 확률이 높다는 것이다. 즉, 내 몸이 바르고 편안한 상태와 호흡장애가 없어야 한다는 말이다. 그것이 내 몸에서 낼 수 있는 최고의 소리를 내는 방법이다. 음색은 물론 타고나는 것이지만 최고의 발성은 절대 타고나서는 완성할 수 없다. 최고의 발성을 내는 것은 음색과는 아무 상관이 없을 정도로 당신에게 위대한 소리를 내게 해줄 것이며 다른 이들과의 차별된 점을 부각시켜 줄 것이다.

경직적 호흡장애의
증상들

 호흡장애에 대한 증상들을 정리할 테니 증상이 있으신 분들은 호흡장애가 있는지 확인해 보면 좋을 것 같다.

① 무의식중에 공기가 자꾸 들어가 트림이 잦은 분
② 방귀를 자주 뀌시는 분
③ 노래를 부를 때 트림이 자주 나시는 분
④ 숨 쉬는 것이 이상한 것 같아서 병원에 갔는데도 이상이 없다고 진단을 받으신 분
⑤ 배에서 자주 꼬르륵거리고 불면증이 있으신 분
⑥ 집중이 잘 안되고, 머릿속이 하얘지시는 분
⑦ 혀를 뒤로 당길 때 멍든 것처럼 아프신 분

⑧ "이"의 입모양을 크게 했을 때 목의 좌, 우에 힘줄이 안 나오시는 분
⑨ 누워 있을 때 배가 꼬르륵거리시는 분
⑩ 손가락으로 후두 옆을 눌러 밀어서 침을 삼킬 때 잘 안 삼켜지시는 분
⑪ 거울을 봐서 입을 벌리고 혀를 편안히 두고 볼 때 혀의 뒷부분 한쪽이 내려가 있으신 분
⑫ 자꾸 숨 쉬는 것에 신경이 쓰이고, 수동적으로 숨을 쉬시는 분
⑬ 코로 숨 쉴 때 뻥 뚫린 것처럼 시원하게 공기가 들어오면서 한계가 없으신 분
⑭ 항문이 엄청 아래로 열려있는 듯한 느낌을 가지신 분
⑮ 몸이 마른 편인데 공기가 배에 차서 배가 너무 과하게 나온 것 같다고 느끼시는 분
⑯ 숨을 깊게 들이마실 때 턱 밑 후두의 바로 양옆에 세로로 두 줄로 식도 근육이 나오시는 분
⑰ "이"의 입모양을 크게 했을 때 목의 좌, 우에 힘줄을 손으로 가볍게 눌렀다가 뗄 때 다시 나오지 않으시는 분
⑱ 말을 안 하다가 갑자기 말을 하면 음이탈이 나시는 분
⑲ 주먹을 살짝 쥐었을 때 주먹에 힘이 빠지는 듯한 느낌이 나시는 분

⑳ 빛이나 형광등이 은근히 눈부시게 보이신다고 느끼시는 분
㉑ 눈에 바람이 들어가는 게 잘 느껴지시는 분
㉒ 멀리 있는 물체에 시야 집중이 잘 안되시는 분
㉓ 눈을 자꾸 수동적으로 감아야 하시는 분
㉔ 목욕탕에 있는 물을 목까지 담근듯한 답답한 느낌이 평소에도 있으신 분
㉕ 편안한 흉식호흡이 안 되시는 분, 흉식호흡이 수동적으로만 되시는 분
㉖ 침을 삼킬 때 목에서 움직이는 근육이 좌, 우가 달라 편안하지 않고 의식적으로 삼키게 되시는 분
㉗ 신경이 자꾸 몸 안에 들어오시는 분
㉘ 음을 낼 때 저절로 목소리가 갈리시는 분
㉙ 평소에 그냥 말할 때 성대진동이 목구멍 안쪽에서 느껴지시는 분
㉚ 얼굴 피부가 정말 얇고, 넓게 살짝 꺼지는 듯한 흉터가 생기시는 분
㉛ 대변을 볼 때 거의 대부분 묽은 변, 얇은 변을 보시는 분
㉜ 증상이 있으면서 복부팽만증, 공기연하증, 삼킴장애, 정신불안, 과민성대장증후군 등의 원인 모를 질병을 진단받으신 분

※ 호흡장애가 있다고 해도 굳이 사는 것에 불편함을 느끼지 않는 수준에서는 치료를 하지 않아도 무방하다고 말씀드리고 싶습니다.

좋은 발성의
구별법 정리

① 발성 후 목이 계속 쉬어 있는지 여부
② 노래 부를 때 목이 힘든지의 여부
③ 고빗사위(파사지오) 구간에서 소리가 조이지 않고 자연스럽게 올라가는지의 여부
④ 직접적인 목소리가 넓게 나는지의 여부
⑤ 공간적인 울림이 넓게 나는지의 여부
⑥ 배에 압력이 잡혀서 배가 앞으로 나오는지의 여부
⑦ 입술이 사용되는지의 여부
⑧ 발성 후 평범하게 말하듯이 허밍소리를 냈을 때 성대진동의 위치
⑨ 발성 후 편안히 흉식호흡이 되는지의 여부
⑩ 발성을 할 때 소리가 입 밖으로 빠져나가는지의 여부

⑪ 발성 후 코로 숨을 쉬었을 때 공기가 시원하게 들어오는 지, 한계가 있는지의 여부
⑫ 허밍으로 가볍게 높은음을 올린 후 내릴 때 연결이 되는 지의 여부
⑬ 발성 후 가볍게 주먹을 쥐었을 때 힘이 빠지는지의 여부

핵심 결론

① 호흡장애가 있으면 입천장의 연구개(입천장인두활) 끝에 음식물 또는 침이 고이기 때문에 식도가 열리기도 한다. 즉, 삼키는 것에도 문제가 있는 것이다.
② 발성이 바뀌면 호흡이 바뀌고, 호흡장애가 변한다.
③ 생각하는 것이 우리에게 큰 영향을 미친다.
④ 몸에서 뚝뚝 소리가 나면 근육과 신경의 기능에 잠시 제한이 생겨 호흡장애가 심해진다.
⑤ 현재 의학에서는 치료 방법이 연구된 것이 없다.
⑥ 발성, 호흡, 신경, 피부, 성대는 밀접한 연관이 있다.
⑦ 호흡장애가 호전되면 목소리, 발성, 노래, 평상시 호흡이 달라진다.
⑧ 신경의 위치마다 호흡과 소리가 다르다(신경발성법).

⑨ 신경발성법은 다른 사람에게 바로 적용이 된다.
⑩ 허밍으로 성대진동의 위치에 따라 현재 상태를 알 수 있다.
⑪ 고빗사위(파사지오) 구간은 호흡장애로 인해 생기는 빈 음이다.
⑫ 발성과 악기는 상호작용을 같이 하기 힘들다.
⑬ 아직까지는 치료 발성 외에 호흡장애를 치료하는 방법이 발견되지 않았다.
⑭ 모든 사람들은 원래 고음을 낼 수 있다.
⑮ 감정과 발성은 반비례하나 끝에는 하나가 된다.
⑯ 호흡장애를 치료하다 보면 걸음걸이가 바뀐다.
⑰ 발성 및 호흡을 바꾸면 몸에 힘이 세지기도, 약해지기도 한다.
⑱ 발성은 첫소리가 중요하다.
⑲ 호흡장애가 심할수록 흉식호흡이 안 되고, 수동적으로 숨이 쉬어진다.
⑳ 발성을 할 때 성대의 왼쪽, 중앙, 오른쪽을 각각 기준으로 발성할 수 있다.
㉑ 발성을 할 때 배의 압력은 배가 안으로 들어오는 것이 아니라 밖으로, 앞으로 나온다.
㉒ 턱에 힘이 빠지면 호흡장애 여부를 알 수 있다.
㉓ 목이 쉬어도 발성을 제대로 하면 소리가 제대로 난다.

㉔ 허리가 굽을수록, 골반이 틀어질수록, 즉 몸이 틀어질수록 호흡장애가 심해진다.
㉕ 침을 삼킬 때 좌, 우가 같아야 하고, 부드러워야 하며 이상하다고 느끼면 안 된다.
㉖ 호흡장애가 호전될수록 코로 숨을 들이마실 때 얕고, 적게 들이마셔지며, 한계가 있고 편안하다. 호흡장애가 심할수록 한계 없이 시원하게 코로 숨이 들어온다.
㉗ 긴장을 많이 할수록 호흡장애가 심해진다. 그래서 어린아이에게도 호흡장애가 생길 수 있다.
㉘ 호흡 보조기구들은 호흡장애가 있는 사람에게는 큰 효과를 주지 못한다.
㉙ 목의 치료가 진전되면 갑자기 피곤해지고 졸음이 온다.
㉚ 신경발성법의 신경이동 순서만 바뀌어도 결괏값인 소리가 달라진다.
㉛ 호흡장애의 핵심신경은 어깨 및 날개뼈와 척추 사이의 근육부터 위로는 어깻죽지까지, 아래로는 골반, 다리까지 연결돼 있다(저자의 경우는 왼쪽).
㉜ 치료를 하다 보면 핵심신경에 통증이 온다.
㉝ 핵심신경이 눌리면 호흡장애가 생긴다.

㉞ 고빗사위(파사지오) 구간은 목에 힘을 줘서 넘어가거나 목에 힘을 빼서 넘어가야 하는데, 목에 힘이 빠진 상태에서 호흡장애가 있는 경우 절대 고빗사위 구간을 넘어갈 수 없다.

㉟ 발성은 경험치처럼 쌓이는 것이 아니다.

㊱ 호흡장애=저음의 고장, 저음의 고장=고빗사위 구간의 넓어짐. 즉, 호흡장애=고빗사위 구간이며 저음을 치료하면 모든 것이 정상으로 된다.

㊲ 호흡장애를 치료한 사람은 저자가 처음이다.

㊳ 경직된 신경을 풀어야 호전이 된다.

시도(2)

시간이 흐르고 난 뒤 친구들도 한 명씩 차츰 결혼을 했고, 나만 여전히 뒤처진 것 같은 느낌을 많이 받았다. 그렇게 난 어느새 30살이 됐고, 학점은행제를 하면서 자격증 응시조건을 충족하게 되어 자격증 공부를 하고 있었다. 그리고 전에 청경 시험을 시험 삼아 한번 본 후부터 운동을 꾸준히 약 1년 6개월 정도 동안 계속했었다. 청경 시험을 한 번 더 보기 위한 이유도 있었지만, 한번 시작했으면 열정과 오기가 생겨 끈기 있게 하는 습관 때문인 것 같았다. 책을 쓰거나 발성으로 먹고살려고 해도 내가 아직 완벽한 치료와 책이 써지지 않아 일단은 먹고살 궁리를 했었어야 했기에 청경 준비와 자격증 시험 등을 병행하고 그랬다. 그러던 중 갑자기 청경 시험 공고가 떴고, 매번 미뤄지고 미뤄지던 청경 시험을 드디어 볼 수 있게 되어 속으로는 분노를 다지며 시험 공고를 봤다. 근데 참 아이러니하게도 원래 체력측정 하던 방법으로 하는 것이 아닌, 처음으로 변경된 체력시험을 치게 된 것이었다. 즉, 경찰·소방 공무원 시험의 체력측정처럼 보는 것으로 갑자기 바뀌었다. 이미 난 바뀌기 전의 체력시험을 기준으로 열심히 준비했는데 말이다. 참, 인생이 뭔가 뜻대로 이루어지지 않는 듯하여 또 신세한탄을 하기도 했었다. 그래서 난 '될 대로 돼라'라는 마음으로 청경 시험의 필기와 실기를 봤다. 개인적으로는 시험을 잘 봤다고 생각을 하진 못했다. 그렇게 시험을 치고 쉴 여유가 없이 바로 또 자격증 공부로 넘어가면서 결과 발표 날까지 기다렸다. 근데 웬일인가? 내가 1차 합격을 한 것이었다. 이런 상황이 익숙하지 않은 탓에 어이가 없었다. 난 시험을 잘 못 봤다고 생각했었지만 '그래도 나름 괜찮았나 보다'라고 긍정적인 파워를 내기 시작했고, 일단 자격증 공부는 미뤄두고 2차 면접을 보기 위해 부산까지 내려가서 면접 학원에 등록하는 열정을 보여주기도 했다. 난 그래도 기회가 주어졌을 때 되도록이면 최선을 다하는 편이라 그런 결정을 그리 어렵게 하지 않기도 했다. 혹시나 내가 면접을 잘 봐서 붙으면 '시골에서 평생 살아야 되는데 그러면 밸성은 어떻게 해야 하지?'라는 등의 김칫국도 거하게 마시고 그랬다. 그렇게 부산에 내려가서 학원에 등록하고 배울 준비를 마친 후 일주일 동안 방을 잡고 지내기로 했었다. 오랜만의 도시 생활이라 그런지 해방감을 만끽하며 맛있는 밥집을 찾기 위해 인터넷을 열심히 뒤적거리며 일주일 동안 뭘 먹을지를 고민하는 행복한 일주일을 계획했다. 다음 날 처음 면접 학원에 강의를 들으러 가니 청경 1차 합격자들이 모여서 어색하게 정면만 멀뚱멀뚱 바라보고 있었고 그러다 강사님이 들어오셨다. 혹시나 중요한 내용을 놓칠세라 녹음기도 틀어놓고 강의를 듣는 내공도 발휘했다. 그렇게 강의를 들으니 굉장히 유쾌하고 즐겁게 강의를 해주시면서 문득 내가 느낀 것은 언변 능력이 굉장히 뛰어나시다는 것이다. '괜히 강사를 하는 게 아니구나'라고 생각하며 나와 점점 비교를 하게 됐다. 강의를 듣는 사람들 중에는 목소리가 큰 사람, 쭈뼛대는 사람, 자신감이 없는 사람 등 갖가지 자기만의 문제가 있는듯했다. 그리곤 면접 학원에 안 왔으면 큰일 날뻔했다면서 속으로 '학원에 오길 잘했다'라고 생각했다. 그렇게 하루하루 일주일 정도의 강의를 들은 우리들은 생각보다 점점 말을 잘하게 됐다. 그리고 면접에 대한 자신감도 많이 생겼다. 다른 사람이 혹시 면접을 봐야 한다면 학원에 꼭 등록해서 배우라고 말하고 싶을 정도로 많은 깨달음을 얻고 가는 것 같았다. 그 후 대망의 면접 날이 다가왔고 오랜만에 정장을 입으며 나름 자신감을 뽐내고 실수하지 않기 위해 혼자 조용하게 중얼중얼 반복연습을 했다. 매도 가장 먼저 맞는 게 좋다고, 내가 면접 1번이 됐으면 좋았겠지만 사실 내가 제일 마지막이었다. 한 사람, 한 사람 점점 대기실에서 면접을 보러 갔고 마지막까지 남아 덜덜 떨어야 했다. 떨림도 잠시 벌써 내 차례가 왔고 당당한 척 떨지 않으려고 애쓰면서 면접관님들과 면접을 봤다. 그렇게 면접이 끝난 후 난 왠지 면접을 잘 본 것 같아 내심 긍정적으로 결과를 기다리고 있었고, 친구들이 이미 합격한 거 아니냐면서 연락 올 때마다 "야, 아직 발표 난 거 아니다. 김칫국 마시면 안 된다"라는 등 기대하지 않는척하며 결과를 기다렸다. 결과를 기다리면서 또 지옥 같은 자격증 공부를 시작했다. 혹시 내가 떨어질지도 모르니깐 말이다. 그렇게 시간이 흘러 떨리지 않는 결과 발표 날에 합격할 것 같은 기분이 들어 당당하게 확인을 해본 순간, 합격자 명단에 없다고 정성스럽게 글귀가 떴다. 아주 예쁘게 말이다. 한편으로는 씁쓸했지만 최대한 긍정적으로 생각하여 '그래, 난 발성으로 먹고살아야지…'라며 나를 다독이며 하기 싫은 자격증 공부를 이어갔고, 그렇게 악바리같이 공부하여 자격증 3개를 취득했다. 새벽 5시 30분에 일어나서 보리차 한 잔 마시고, 6시부터 밤 10시까지 공부를 해가며 흰머리와 같이 얻어낸 자격증들이다. 이 자격증을 취득함으로써 이제 돈을 많이 벌진 못해도 굶어 죽지 않을 정도의 최소 여건은 만들었다고 생각하고 있었다. 물론 공부를 할 때에도, 잠시 쉴 때도 호흡장애에 대한 생각과 발성에 대한 연습은 끊임없이 계속해 나갔다. 공부할 때도 호흡장애는 영향을 미치게 된다. 전에 호흡장애가 있으면 자신도 모르게 긴장이 된다고 했다. 공부하는 자세를 생각해 보면 의자에 앉아 허리가 굽어지고, 허리가 굽어져서 고개가 숙여지기 때문에 일단 목이 눌려서 식도가 열리게 된다. 잘 생각해 보면 거북목 자세랑 비슷한 자세를 취하고 있다. 그 상태로 지속이 되면 몸이 틀어지고 공기가 식도로 계속 들어와 호흡장애 증상들이 생기기 시작할 것이다. 그리곤 뭔가 자꾸 집중이 안 되는 것 같은 느낌이 들 것이다. 그렇다고 자세를 꼿꼿이 하고 앉아 있는 것도 호흡장애를 유발하지 않는 것은 아니다. 왜냐하면 신경이 날개뼈와 척추 사이의 근육부분부터 위로는 어깻죽지까지, 아래로는 골반, 다리까지 연결이 돼 있다고 했는데 이미 틀어져 있기 때문에 앉아 있으면 그곳의 신경이 눌리게 된다. 참으로 아이러니한 상황이지만 몸이 틀어진 걸 점점 고쳐야 앉아 있을 때에도 조금씩 고쳐진단 소리이다. 이것도 치료를 하다 보니 전과 후를 비교하여 알게 된 사실인데, 치료가 어느 정도 많이 된 후에 의자에 앉을 때 상체를 곧게 펴고 앉아 있는 게 자연스럽다고 느낄 정도로 불편하지 않았다. 그러다가 몸에서 뚝뚝거리거나, 앉아 있을 때 특정 부위에 신경이 장시간 눌려 배가 꼬르륵거리기 시작한 순간부터 갑자기 허리가 굽어지게 되더니, 다시 허리를 펴려고 해도 뭔가 불편해지면서 계속 굽어지려고 하는 증상이 있었기에 알 수 있었다. 또한 이런 자세는 우리가 핸드폰을 만지고 있을 때도 마찬가지이다. 고개만 숙여지면 그나마 낫지만, 허리까지 굽어진다면 자신도 모르게 또 배에서 꼬르륵거리는 상황이 발생할 수도 있다. 그래서 사실상 호흡장애를 그나마 덜 유발하는 가장 좋은 자세는 서 있는 상태라고 할 수 있다. 그러니 다들 다리를 꼬거나 자세가 틀어지지 않게끔 앉는 습관을 들여야 한다. 가부좌 자세로 앉게 될 때도 다리를 한쪽 다리 위에 걸쳐서 올려놓지 말고 바닥에 발을 앞, 뒤로 각각 놓는 것을 추천한다. 왜냐하면 다리를 한쪽 다리 위에 걸치는 자세를 거울로 보게 되면 한쪽 골반이 위로 상승해 있는 것을 보게 될 것이다. 그게 지속이 된다면 당연히 몸이 틀어지게 되니깐 말이다.

내가 예전에 운동을 할 때 왼쪽 목이 건조하다고 말한 적이 있는데 목구멍에 건조하단 느낌이 엄청 많이 줄기는 했다. 그 느낌이 줄어듦으로 해서 목에 침을 삼킬 때 좌, 우 근육들이 나름 균형 잡히면서 움직이고, 부드럽게 삼키는 것이 가능해졌다. 예전에 침을 삼킬 때 삐걱대면서 억지로 공기랑 같이 삼켜지던 것에 비하면 하늘과 땅 차이라고 말해도 될 만큼 변했다고 생각하면 된다. 대개 다른 사람에게 침을 삼켜보라고 하면 보통은 신경이 목구멍에 있는 상태로 침을 삼키기 마련이다. 하지만 우리 몸이 편안하고 정상으로 바뀔 때면 신경이 우리 몸 안에 있는 것이 아니라 눈앞 멀리 가볍게 집중된다고 얘기했다. 그러면 침을 삼킬 때도 멀리 가볍게 집중시킨 후에 침을 삼키는 게 정상이다. 예를 들어주면 우리가 밥을 먹는다고 생각을 해보자. 우리가 TV를 보며 음식을 먹을 땐 신경이 굳이 목구멍에 가서 꿀꺽 삼키지 않아도 나도 모르게 음식을 삼키고 다시 음식을 먹고 있는 날 발견할 수 있다. 무의식에 의해 이뤄진다는 말이다. 근데 보통 우리는 음식을 먹을 때 TV나 핸드폰을 보게 되는 경우는 많으나, 내 목구멍을 관찰하면서 음식을 삼키고 그러진 않을 것이다. 그러니 TV나 핸드폰을 볼 때 우리의 시선 및 신경은 눈앞 멀리 집중되게 돼 있다. 그러니까 TV를 보면서 음식물을 삼킬 때 아무런 거리낌 없이 자연스럽게 넘어가게 되는 것이다. 이런 원리로 침을 삼킬 때도 의식적으로 삼킨다면 멀리 가볍게 집중한 상태로 삼켜야 목에 이물질이 남지 않고 최대한 자연스럽게 삼킬 수 있다. 하지만 계속 이렇게 의식하면서 삼키라는 것은 아니다. 단지 임시방편일 뿐이란 이야기이다. 이렇게 삼킨다고 해도 목에 건조한 부분이 있거나 치료 발성을 할 때 여전히 아픈 곳이 있다면 아직 완치된 것은 아니라 생각을 하면 된다. 내가 치료를 하면서 가장 많이 호전이 됐다고 느낀 부분이 있다면 바로 양치질할 때이다. 양치질을 하면서 입안 가득해진 치약거품을 뱉은 후 목구멍 쪽에 거품이 걸린듯한 느낌을 빼내기 위해 가래 긁듯이 긁어내 빼내려고 하는 행동을 나 이외에도 다들 한 번쯤은 해봤을 것이라고 생각한다. 그 목에 걸린 부분이 호흡장애를 점점 치료해 나갈수록 치약거품이 맺혀 있는 정도가 점점 줄게 됐고, 지금은 거의 맺혀 있지 않게 됐다. 맺혀 있지 않게 되긴 했지만 아직도 치료 발성을 하면서 음이 아닌 진동만 나는 곳이 저음부에 여전히 존재하기에 치료해야 할 부분이 남아 있단 뜻으로 이해를 하고 계속 치료를 이어가고 있다. 혹시나 치료를 하다가 호흡장애가 더욱 심해지는 것 같다고 느끼시는 분들은 목이 뚝뚝거렸거나 아니면 치료가 진전이 되어, 그곳에서 가래나 진물, 침 등이 나와 고이기 때문에 식도가 열려서 잠시 심해지는 것이니 참고하면 될 것 같다.

가끔 우리는 그런 얘기를 들어본 적이 있을 것이다. 코로 숨을 쉬면 복식호흡이 된다는 이야기를 말이다. 이건 맞는 얘기이다. 코로 숨을 들이마실 때 흉식호흡보다는 복식호흡을 기반으로 숨이 들어오게 된다. 긴장이 없는 상태로 몸이 편안해지면 그제야 코로 숨을 제대로 들이마실 수 있는데, 이때 자연스럽게 복식호흡이 된다. 단, 콧구멍에 시원하게 들어오는 듯한 느낌이 드는 것은 좋지 않다. 즉, 숨을 쉬는 것을 의식하면서도 자동으로 숨이 안 쉬어진다면 신경이 눈 안으로 들어왔을 확률이 높다는 말이다. 현재의 나는 의식을 한 상태에서도 편안하게 코로 숨을 들이마실 수 있으며, 자동적으로 복식호흡을 할 수 있게 된 어느 순간부터 코가 막힌다는 느낌을 잘 느끼지 않게 됐고, 또 양쪽 코로 숨을 들이마실 수 있게 됐다. 그걸 제대로 확인해 보려고 한쪽 콧구멍을 막고 숨을 쉬어보고, 반대편 콧구멍도 막고 숨을 쉬어봤다. 그리고 호흡장애가 심할 적에 거울을 보며 침을 꿀꺽 삼키면 성대를 기준으로 바로 좌, 우에 세로로 길게 나오는 힘줄 같은 게 있었다. 그 힘줄 같은 것도 이제 나오지 않게 됐고, 침을 삼킬 때 느껴지지 않던 나의 왼쪽 목도 이제는 움직임을 느낄 수 있게 됐다. 그만큼 내 몸이 호전되고 많이 편해졌다는 증거라고 생각하고 있다. 치료 발성을 하면서 변화가 느껴진 것 중에 하나는 왼쪽 다리가 돌아가고 있다는 느낌을 많이 받았다는 것이다. 경직된 목의 하단부까지 자극하게 되면 마치 누군가 내 다리를 손으로 쥐고 억지로 틀어버리는 것처럼 다리를 강제로 돌려버리는 듯 무릎 옆에 자극이 되면서 신호가 오기도 했다. 그래서 다리가 교정이 되는 느낌도 자주 받았던 것이다. 그 결과, 걸음걸이가 평소에는 왼쪽 발바닥의 바깥쪽으로 걸었다면 점점 아치 쪽으로 무게중심이 옮겨져 갔다. 그래서 현재 가만히 서 있으면 마치 평발이 된 것처럼 '내가 원래 이렇게 발바닥 안쪽에 무게중심이 있었나?' 하는 의심이 들기도 할 정도로 변화된 것을 느끼곤 했다. 또 무릎에서 나는 뚝뚝 소리가 어느 순간 잘 안 나기 시작했다. 어느 정도 호전이 되면서 갑자기 골반에서 뚝뚝거리기도 하고, 손목에서 뚝뚝거리기도 하는 걸 보면 이것도 치료를 함에 있어서 어느 정도의 변화가 있었다는 말이 되는 것 같다. 다한증도 생각보다 많이 줄었다. 난 원래 손과 발에 다한증이 있어서 계속 축축했는데 위장에 공기가 차는 빈도가 적어짐으로 인해 무의식적인 긴장이 덜 돼서 그런지 손, 발에 다한증의 증상이 현저하게 줄어들었다. 그리고 여러 가지 특정 증상들이 완화되기도 했다. 그중 하나를 말해보자면, 언젠가 갑자기 왼쪽 어깨를 돌리는 틱 같은 버릇이 생겼었다. 마치 왼쪽 승모근에 근육이 천천히 위에서 아래로 눌리는 듯한 압박감이 들었다. 그 눌림 끝에 나도 모르게 이것을 해소해 보려고 어깨를 돌려 눌리는 느낌을 없애려는 동작을 하곤 했다. 나도 불편함 때문에 의식적으로 몇 번 했지만 이걸 무의식중에도 계속하고 있는지는 주변에서 이야기를 해줌으로 인해 알게 됐다. 그러나 목이 치료되는 과정 중에 신경이 아팠다가, 신경이 다시 살아나 경직된 목이 호전이 되면서 증상이 완화되어 지금은 왼쪽 승모근을 누르는 것 같은 느낌이 없어졌다. 그래서 습관적으로 하던 어깨를 돌리는 것을 점차 하지 않게 됐다. 혹시 다른 운동 틱이나 언어 틱 등을 갖고 계신 분들도 '나처럼 어딘가의 신경이 눌려 그곳과 연관된 부분이 반복적인 행동을 통해 눌림을 해소하려는 것은 아닐까' 하는 생각을 해본 적이 있다. 그렇다고 한다면 '틱도 약이 아니라 목의 경직을 해소하여 연관된 신경을 자극함으로써 호전이 될 수 있지 않을까'라고 생각해 보기도 했다.

목의 경직이 많이 풀려 호흡장애가 엄청나게 줄긴 했으나 가끔 의자에 장시간 앉아서 골반이 틀어지거나 신경이 압박되면 다시 호흡장애가 심해지곤 했다. 호흡장애의 증상 중에 머리가 멍해지는 증상이 있다고 했는데 혹시나 이게 '장기간 지속되고 그러면 건망증이 심해지고, 치매에도 영향을 미치는 건 아닐까' 하고 생각을 해본 적도 있다. 나도 예전에 건망증이 지금보단 조금 심했던 것 같으나 지금은 좀 덜해졌다고 느끼기 때문이다. 물론 이건 내 착각일지도 모른다. 착각이라고 해서 떠오른 게 있는데 난 가끔 간혹 배에서 꼬르륵거리면서 배고픔이라고 느끼는 현상을 느낄 때가 있다. 바로 전에 밥을 먹었음에도 불구하고 말이다. 근데 이것은 진짜 배가 고파서 그런 것일 수도 있지만, 배가 고픈 것이 아닐 확률이 높다. 이런 증상은 대부분 앉아 있을 때 느끼게 되는데 허리가 굽은 상태에서 의자 같은 곳에 앉게 되면 뒤 허벅지의 신경이 눌림으로 인해 성대가 제 역할을 제대로 하지 못하게 되고 호흡장애로 인하여 위장에 공기가 과다하게 차, 그 위장에 있던 공기가 소장으로 내려가는 것 같은 느낌이 들면서 배가 꼬르륵 소리를 낸 후 배고픔 같은 것이 느껴진다는 것을 알게 됐다. 그래서 가끔 밥을 먹었는데도 뭔가 배에서 배고픈 것 같은 느낌이 드는 이유가 바로 이것 때문이라고 생각하면 될 것 같다. 이런 증상이 있을 때 입을 닫고 허밍으로 그냥 "음~" 소리를 내어 내 성대의 진동이 정상인지 확인해 보면 된다. 아마 정상적인 소리가 아닌, 음이 나는 것이 아니라 진동만 느껴지는 소리가 날 확률이 높다. 이런 증상이 생기면 일어서서 치료 발성을 시작하여 성대가 제 역할을 할 수 있도록 되돌려 놓으면 정말 신기하게도 배고픔 같은 게 없어진다.

  난 이렇게 여전히 하루하루 발성을 연구하고 치료 발성을 하며 지내왔다. 그런 나와 같이 살고 있던 부모님의 귀도 참 고통스러웠을 것이라고 생각한다. 왜냐하면 내가 매일 집에서 허밍으로 치료 발성을 하는데 은근히 귀에 거슬리고 소음을 제공했을 테니깐 말이다. 근데 사실 노래에 적용하는 발성들은 노래를 불러보지 않아도 실력이 늘 수가 있다. 내가 전에 노래는 경험치처럼 쌓이는 것이 아니라고 했다. 그 말은 매일 치료 발성만 했어도 목이 치료되면서 자연스럽게 나중에 노래를 부르면 적용이 돼 있어서 귀에 덜 거슬리게 들린다는 말이 된다. 또한 고음도 잘 올라가게 된다. 바로 그 증인이 될 수 있는 것이 엄마이다. 나는 보통 집에서 치료 발성만 하고, 약 한 3개월 정도에 한 번씩 엄마 앞에서 노래를 부를 때가 있다. 그러면 엄마는 내게 "오, 실력이 늘었네"라는 식의 칭찬을 해주곤 했다. 방금 말했듯이 노래를 연습하지 않고 오로지 치료 발성만 집에서 계속했을 뿐인데 말이다. 하지만 엄마 생각과는 반대로 난 계속 치료 발성을 하면 할수록 '역시 난 노래를 못한다'라고 자꾸 되뇌게 된다. 왜냐하면 내가 투자한 시간에 비해 나의 재능은 정말 한없이 작았고, 실력이 느는 건 정말 굼벵이가 기어가듯이 느렸다고 느끼기 때문인 것 같았다. 벼는 익을수록 고개를 숙인다고 하던가, 그 말이 이해가 되기도 했다. 물론 내가 익은 벼는 아니지만 오랜 시간을 투자한 것에 비해 시간이 지날수록 점점 작은 사람이었단 걸 더욱 커다랗게 느낄 뿐이었다.

난 자격증을 취득한 후 바로 취업을 하기 위해서 구직사이트에서 이력서를 기입해 여러 회사에 지원했다. 그렇게 열심히 지원을 한 결과, 현재 너무나 감사하게 출퇴근하고 있는 어느 회사에 엔지니어링팀으로 오게 됐다. 내가 회사를 오래 다닐 수 있는 조건 중에 가장 중요한 것이라고 생각하는 건, 같이 일하는 사람들이 좋은 분들이어야 한다는 것이었다. 그 기대에 부응해 주듯 내가 있는 엔지니어링팀의 직원분들께서는 성격이 좋은 사람들로 가득했고, 처음 들어온 나를 너무나 잘 맞아주셨다. 면접 때 팀장님을 처음 뵈었는데, 그때 아마 나의 면접 학원에서 열심히 갈고 닦은 언변이 나름 도움이 되어 '뽑히는 데 어느 정도 기여하지 않았나'라고 생각을 했다. 처음 들어와 낯을 많이 가리는 나에게 차장님들께서 말을 곧잘 걸어주셔서 나름 금방 적응할 수 있는 계기가 되기도 했다. 입사한 후 일을 배울 무렵 나에게는 아직 미숙한 부분이 많기도 했다. 책에서 많이 배웠으나 현장에서 직접 다루는 것에는 주저함이 가득했다. 그렇지만 내가 무언가 어려워할 때, 항상 도움을 주시는 듬직한 직속 선배님이 계셨다. 마치 무슨 백과사전처럼 선배님께 무언가를 물어보면, "이렇게 이렇게 하면 돼, 이거에 대해선 나도 한번 물어볼게"라며 항상 나의 의문점에 답변을 해주시는 선배님이셨다. 그래서 그런지 항상 선배님에게 전화를 많이 하며 의지를 많이 했다. 선배님은 은근히 나긋나긋한 말투와 일에 대한 센스가 좋으셨고, 배울 점이 많아 일을 함에 있어서 아주 좋은 스승이 되어주셨다. 엔지니어링의 직무와 관련해서 나름 파헤쳐 보니 은근히 재미있는 영역이라는 생각이 많이 들었다. 기술자의 한 분야라서 그런 걸까? 어떤 장비가 고장이 났을 때, 그 원인을 찾아보고 해결할 때면 작게나마 희열이 느껴지기도 했다. 사람 대 사람이 아닌, 사람 대 기계로서 정답이 있는 것과의 밀고 당기는 눈치싸움을 하는 것처럼 말이다. 그렇게 바삐 일을 하다 보니 5개월이란 시간이 지났고, 후에 나랑 동갑인 친구가 입사하게 되면서 나름 바빴던 부서에 조금은 숨을 돌릴 수 있게 도와주었다. 이렇게 난 우리 팀이 너무나 좋았고, 일하면서 기술들을 배우는 것이 너무 새롭기도, 즐겁기도, 고맙기도 했다. 때로는 나의 실력에 부족함을 느낄 때면, 인터넷으로 관련 동영상을 보며 간접적으로 체험을 하면서 직무에 대해 이해하고, 공부하기 시작했다. 세상에는 숨은 실력자들이 너무나 많았다. 장비를 트러블슈팅하는 사람, 자기만의 노하우를 갖고 있는 사람, 내가 알지 못하는 장비들을 자세히 알려주는 사람 등등 자신만의 길을 가는 기술자들이 나의 눈엔 하나같이 대단해 보였다. 그리고 그들처럼 되고 싶은 욕구가 강하게 들었다.

 내가 이력서를 넣을 때가 2021년 6월쯤이니, 그때 우연찮게 공황장애를 갖고 계신 분이 내가 인터넷에 올린 호흡장애 증상들을 보고선 자신이 갖고 있는 증상들과 너무 똑같다며 치료를 할 수 있게 도와달라고 손을 뻗어오셨고, 공황장애 때문에 사회생활 하는 데 지장을 많이 느껴 힘이 든다고 하셨다. 난 예전부터 호흡장애가 심해지면 공황장애가 될 수도 있다고 믿었기에 테스트를 해볼 수 있는 좋은 기회라고 생각했고, 만약 치료를 하면서 어느 정도의 호전이 된다면 많은 공황장애를 가진 분들께 희망이 될 수 있다고 생각했다. 그리하여 그분께 신경발성법과 호흡장애에 대한 원리, 증상 등을 이해시키고 치료 발성을 시작하게 되었다. 내가 예상한 대로 치료 발성 시 경직된 성대를 자극하였더니 연관된 특정 신체 부위의 신경이 아프다고 말씀을 해주셨다. 그리고 가슴이 답답했던 것이 시원하게 되는 것 같다며 조금씩 천천히 호전의 희망을 전해주셨다.
 그분은 예전에 공황을 치료해 보려고 갖가지 논문도 찾아보고, 기(氣) 치료도 해보는 등의 여러 가지 시도를 많이 해봤다고 했다. 하지만 공황이 나아지지 않았고, 정말 우연찮게 나를 발견 하시고는 나에게 한 줌의 희망을 걸어보셨다고 말하였다. 그분은 신경발성법에 대한 이해도가 굉장히 빨랐고, 한 달 정도 지났을 무렵 공황 증세가 호전이 돼 이제는 간단한 산책, 장보기 등이 가능할 정도가 됐다고 했다. 그래서 미용실 가는 것도 도전해봤다고 하셨지만, 그건 아직 어렵다고 했다. 그래도 그분 스스로가 느끼기에 호전이 됐다고 느꼈고, 다른 사람들에게도 도움이 되고자 하는 마음은 서로 같았기에 더욱 열심히 연습하신 것 같았다. 예전에는 아파트 1층에 분리수거를 하러 가는 것조차 힘들었다고 하니, 장족의 발전이라고 할 수 있을 것 같았다. 간단하게 그분의 증상들의 변화를 기록해 보자면,

- 2021. 08. 07. 말소리가 예전보다 크고, 활기차졌다.
- 2021. 08. 24. 코로 숨이 한없이 들어가는 게 없어졌다.
- 2021. 09. 12. 아침에 조깅도 하고, 공황이 와도 밀어붙이자는 강단이 생겼다.
- 2021. 09. 25. 예전에는 관공서 같은 곳에 가면 공황이 올까 두려워서 어쩔 줄 몰랐으나, 막상 공황이 와도 별 감정은 안 들고 시간이 지나니 금방 정상 상태로 돌아왔다.
- 2021. 10. 02. 신경자극이 귀의 뒷바퀴, 왼쪽 목구멍 입구,

눈 아래 피부 등으로 계속 이동했다.
- 2021. 10. 16. 미용실에 가서 처음에는 괜찮았으나 후에 조금 힘들어졌지만 점점 긴장이 되면서 목이 조이는 것을 느꼈고, 3개월 전에 갔을 때보다는 공황 강도가 약해졌다.
- 2021. 10. 31. 치료 발성을 30분 이상 하면 상체 쪽 근육이 쓰이는 듯하면서 급 체력이 고갈됐다.
- 2021. 11. 14. 설악산 쪽으로 가서 지인분의 일을 도와주러 가면서 뻥 뚫린 곳에서 공황이 좀 덜하다는 것을 깨닫게 되었고, 산행을 한 시간씩 하기도 했다.
- 2021. 12. 05. 입술 쪽에 자극이 오는데 발성 중 특정 음에 자극이 온단 것을 깨닫게 됐다.
- 2022. 01. 15. 공황에 대한 불편감은 오는데 시간이 짧아져서 괜찮기도 했다.

등등이 있었다. 그분은 나에게 치료 발성을 배우기 4달 정도 전부터 PT를 받고 계셨는데, 그 PT 선생님도 호흡장애에 대해서는 주원인은 몰랐으나 근력운동을 통해 공황장애를 치료할 수 있다고 믿고 계신 분이었기에 PT 치료를 같이 받고 있다고 말씀해 주셨다. 그 당시에 난 그분께 늘 치료 발성이 끝나고 나면 변화된 것이 있었는지, 신체의 어느 부위에 자극이 오는지에 대해 물어보곤 했다. 그때 그분께서는 치료 발성을 하고 나면 늘 답답했던 속이 편안해지는 느낌을 많이 받는다고 하셨고, 특정 신체 부위에 자극이 세게 온다고 하기도 하였고, 예전에 감각이 없어졌던 다리에 감각이 다시 돌아오기도 하는 등의 결과를 듣기도 했다. 그리고 난 확실히 치료 발성이 효과가 있다고 믿었고, PT와 치료 발성을 병행하더라도 차후에 그 분께선 PT와 치료 발성 중에 어느 게 좀 더 효율적이고 효과가 있는지에 대해 잘 판단해 주시길 바랐다. 그렇게 치료 발성을 열심히 하고 어느 정도의 기간이 지나 1월 말쯤이 되었을 때, 나는 그 분에게 PT와 치료 발성 어느 것이 효과가 더 있었는지 궁금해 물어보았다. 그분께서는 치료자의 입장으로 호전이 되긴 했으나 둘 다 병행하여 진행을 했었기에 어느 게 효과가 있는지 모르겠다고 말씀해 주셨다. 물론 치료 발성을 시작할 때 대면으로 했던 것이 아니라, 그저 문자 음성녹음으로 듣고 판단해 주는 식으로 했었기 때문에 조금은 혼동이 올 수도 있다고 생각이 들기는 했다. 사실 나의 입장으로서는 2개를 병행함에 있어서 난 근력운동으로는 절대 치료할 수 없다는 입장이었고, 그 PT 선생님을 직접 만나거나 이야기를 해보진 않았지만 근력운동으로 치료할 수 있다는 입장일 것이란 게 확실했다. 그리고 그분의 친구분도 공황이 있었고, 같이 PT를 받았다고 하셨었다. 친구분께서는 "현재 PT를 받고 소화력은 많이 좋아졌으나 배에 가스가 차는 건 똑같았고, 공황은 아직 운전할 때 온다"라고 말씀해 주셨다. 이렇듯 내가 그분을 치료함에 있어서 발성으로 치료가 되어 효과가 있었더라도, PT 선생님은 근력운동으로 인해 호전이 됐다고 믿을 것이 분명하기에 연신 고민하다 결국 치료 발성을 중지하자고 말했고 나름 긴 치료 발성 레슨이 종료되었다. 난 호흡장애 및 공황장애를 가지신 분들이 훗날 나의 책을 읽음으로써 호흡장애를 호전시킬 수 있다는 믿음과 확실한 결과만을 전달하기 위해 기록하여야 하므로 애매하게 하면 혼동될 수 있기에 이런 결론을 내리게 되었다. 그래도 약 8개월 동안 치료 발성을 가르치면서 많은 데이터가 쌓였다고 생각한다. 난 그분과 발성을 중지하기까지 일주일에 두 번씩 문자로 치료 발성을 녹음해서 듣고 판단해 주는 식으로 테스트를 했고, 호흡장애는 확실하게 치료할 수 있다고 확신했다. 그리고 공황장애가 호흡장애의 증상이 극도로 심해질 때 생길 수도 있다고 추측하기에 공황장애에도 충분히 효과가 있을 것이라고 어느 정도 확신을 가졌다.

2022년 3월 22일 한동안 유행하던 COVID-19 바이러스에 걸리게 됐다. 이전까지 나의 목 상태를 말씀드리자면, 고빗사위 구간이 전부 연결이 됐었고 모든 게 순조로웠다. 하지만 COVID-19의 증상을 앓으면서 인후통이 강하게 왔고, 덕분에 숨을 최대로 들이마셔도 전보다 70% 정도밖에 들이마셔지지 않았다. 그리고 정말 아이러니하게도 왼쪽 목의 경직이 다시 찾아왔고, 평소에 눈앞 멀리 신경이 저절로 집중되던 것이 눈 안으로 신경이 점점 되돌아오게 바뀌었으며, 복식호흡도 저절로 되지 않을 정도로 변했고, 호흡장애도 다시 살짝 심해지게 됐다. 또한 고빗사위 구간 중에 하나인 2옥타브 라# 이상부터 음이탈이 다시 생기기 시작했다. 다시 말해서 음역대를 잃었다. 그렇지만 난 왼쪽 목의 경직을 풀어 다시 정상적으로 되돌리면 당연히 소리가 돌아올 것이라고 알고 있었다. 그렇게 다시 치료를 시작했는데, 목이 아주 옛날처럼 엄청 아플 정도로 경직이 돼 있었다. 그렇게 꾸준히 치료 발성을 시작하여 경직이 조금 풀려 어느 정도 예전처럼 돌아올 때쯤 되니 불안하긴 하나 고빗사위 구간에서의 소리가 다시 조금씩 나기 시작했다. 그러나 확실한 건 같은 음을 내더라도 COVID-19에 걸리기 전보다 음을 내는 게 훨씬 힘들다고 많이 느껴졌다. 아마도 폐의 기능이 줄어들었기 때문인 것 같았다. 그 이후 어느 정도 예전으로 돌아오기까지는 6개월 이상의 시간이 걸렸고 잃어버렸던 음역대도 조금 돌아오긴 했지만, 확실히 예전보다 성대가 붙지 않아 음이탈이 많이 나고 음을 내는 데 무언가 불안한 감이 있게끔 바뀌었다. 혹시 COVID-19에 걸리고 나서 6개월이란 시간 동안 회복이 되는 도중에 또다시 변이 바이러스에 걸렸을 수도 있겠다는 생각이 들기도 했다. 인후통이 심하게 오진 않았지만 갑자기 숨 쉬는 게 또 100%가 아니라 70% 정도로 들이마시게끔 바뀐 느낌을 받기도 했기 때문이다. 내가 바이러스를 앓으면서 느 낀 점 중에 하나가 바로 흉식호흡이 무의식적으로 안 되는 경우까지 간다면 숨을 쉬지 못한다는 공포감 때문에 공황장애가 올 수도 있을 것 같다는 것이다. 다시 복식호흡이 안 되고, 흉식호흡도 부자연스러워지니 호흡장애가 다시 조금 더 신경 쓰이게 됐고, 아주 예전에 심했을 때와 비슷하게 속이 답답하고 불안한 느낌을 바이러스를 앓으면서 폐 기능이 저하돼 다시 느끼게 됐기 때문이다. 그래서 예전에 호흡장애가 아주 심했을 때의 난 흉식호흡도 수동으로 하게 되는 상황에서 공황장애를 앓았던 것은 아닐까 하는 생각이 든다. 호흡장애가 심해지므로 식도가 열려 공기가 유입되어 무의식적인 긴장이 유발되고, 폐로 숨이 덜 들어가게 되므로 원활한 산소공급이 안 되어 몸에서 더욱 긴장이 되기 때문에 그로 인해 수동적인 흉식호흡을 하며, 공포감이 생긴다는 추측이다. 물론 내 추측이긴 하나, 호흡장애와 공황장애의 연관성은 시간이 지날수록 더 깊다고 느껴졌다.

2022년 6월쯤에 왠지 나의 몸 상태가 궁금하기도 했고, 예전에 고향에서 지낼 당시에 받았던 종합건강검진이 벌써 4년 정도 지난 것 같기도 해서 검진을 받아보려고 병원에 예약을 했다. 예전에 건강검진을 받았을 때 목에 미세낭종이 있던 것과 지방간에 대한 것들이 호전됐는지 등등의 상태가 궁금했다. 이번에도 위내시경, 대장 내시경, 갑상샘 초음파, 복부 초음파 등을 포함해서 받기도 했고 의외의 결과가 나왔다. 위, 대장 내시경 결과는 아무 이상 없었고, 갑상샘에 있던 미세낭종이 발견되지 않았다고 의사 선생님께 좋은 소식을 들었다. 안 좋은 소식이 있다면 담낭에 작은 용종들이 발견됐다고 했는데 치료할 정도는 아니니 정기적으로 검사를 받는 게 좋다고 말씀해 주셨고 운동을 열심히 하긴 했지만, 간이 약한 건지 간 검사를 했을 때 수치들이 아주 약간 범위를 벗어나기도 했다. 그래도 큰 문제가 되는 건 아닌 것 같았다. 다행인 건 크게 아픈 부분은 없다는 것이다. 당분간 마음 편히 먹을 거 먹고, 즐길 거 즐기고, 운동도 열심히 하면 될 것 같았다. 이렇게 검사받고 나면 역시 사람은 안 아픈 게 최고라는 생각이 많이 들곤 한다. 아프면 의욕도, 식욕도, 기력도 없어지고 타지에 혼자 지내고 있어서 돌봐줄 사람도 없어서 많이 서러우니깐 최대한 아프지 않아야 맛있는 것도 많이 먹고, 문화생활도 많이 하고, 하루를 알차게 살 수 있으니깐 말이다. 허나, 이런 생각이 든 지 얼마 되지 않아서 화장실 청소를 하다가 욕조에 새끼발가락을 부딪혔는데, 뭔가 낌새가 이상했다. 걸을 때마다 절뚝거릴 정도로 통증이 생기기도 했고, 목소리를 낼 때도 목소리가 갈리는 증상이 생기기 시작했다. 통증을 빨리 가라앉히기 위해서 냉찜질을 바로 하고, 통증과 붓기가 많이 가라앉았을 때쯤 온찜질을 해서 생각보다 금방 호전되긴 했으나 몸이 아프니 바로 성대에서 갈리는 현상이 난다는 걸 확인하게 됐다. 앞에서 성대 저음부가 치료될수록 특정 신체 부위에 자극이 온다고 했었는데, 역으로 생각해 보자면 특정 신체 부위에 자극이 되어 신경이 눌린다면 성대의 저음부가 고장 나게 된다는 말이다. 그래서 예전에 최저 음을 자극하면 골반이 아팠다는 이유가 납득이 됐다. 즉, 저음부가 많이 고장 났을수록 몸이 많이 틀어져 신경이 눌렸을 확률이 높고, 특정 신체 부위와 성대가 연결이 돼 있다고 추측해 볼 수 있다. 그래서 발을 찧었을 때도 목소리가 갈라지는 증상이 생긴 것이라고 판단이 된다. 여담이지만 나는 특히 발가락을 문이나 어디 모서리에 부딪히는 걸 참 잘하는데, 이렇게 많이 부딪혀도 아픈 건 매한가지니 사람의 몸은 참 나약한 거 같다고 많이 느꼈다. 가끔 모서리나 문들이 내 발을 찧고 싶어서 안달이 난 건 아닌지, 왜 발이 자꾸 부딪히는지 간혹 너무 아프고 황당해서 헛웃음이 나기도 했다.

또 다른 날에 성대의 변화를 느낀 것을 말해주자면, 그날엔 좋지 않은 일이 있어서 담배를 한 개비 폈다. 그리곤 습관처럼 나의 몸을 관찰하기 시작했다. 그 결과, 목구멍이 닫혀서 숨쉬기가 불편해졌고, 가볍게 말할 때 성대의 공명이 입술 쪽이나 앞니 쪽 부분이 아니라 목구멍 쪽으로 이동한 걸 볼 수 있었다. 즉, 이전에 말했던 호흡장애가 심해질 경우 허밍을 했을 때 공명의 떨림이 목구멍으로 이동한다고 했던 것과 똑같은 현상이라는 것이다. 그래서 담배를 많이 피울 경우 호흡장애가 심해질 수 있으니 혹시나 호흡장애가 심하다고 판단되시는 분들이 담배를 피우신다면 담배부터 일단 금연해 보라고 추천해 드리는 바이다. 호흡장애가 좋아지면서 최근에 가장 많이 느낀 건, 호흡장애가 호전되니 공기가 뱃속에 머무는 시간이 줄어들어 배출되는 속도가 점점 빨라졌다는 것이다. 마치 우리의 몸이 "공기가 위장에 들어가서 머무는 건 좋지 않아요"라고 말하는 것처럼 어떻게든 빨리 배출하려고 하는 것처럼 말이다. 그만큼 나의 몸이 호전되고, 서로 상호작용을 잘하게끔 바뀌어서 이런 결과와 변화가 생긴 것은 아닐까? 라고 긍정적으로 생각하고 있다.

어느 날 회사 선배님께서 마라톤을 한번 뛰고 오신 적이 있었다. 그때까지만 해도 난 살면서 마라톤을 한 번도 뛰어본 적이 없었다. 왜냐하면 난 달리기를 무척 싫어했고, 한 번도 마라톤에 도전해서 뛰어보겠다는 생각을 한 적이 없었다. 그런 생각을 갖고 있다가 선배님께서 마라톤을 뛰고 오신 것을 보고 나니 갑자기 마라톤을 나도 한 번은 뛰어봐야겠다는 욕구가 샘솟기 시작했다. 그리고 혼자 10km 마라톤에 처음 도전하기 위해 신발도 사보고, 달리기 주법도 공부해 보고, 달리기할 때 필요한 용품들도 구비를 하여 만발의 준비를 했다. 처음 하는 마라톤이라 긴장도 많이 되고 내가 과연 완주할 수 있을지에 대해 의문도 많이 들었다. 그렇게 행사 장소에 도착하여 보니 수많은 인파들이 몰려 있었고 모두 마라톤에 참가한 일반인들이었다. 나도 그 인파들 사이에 섞여 준비 운동도 하고, 마음의 준비도 단단히 했을 무렵 출발 신호와 함께 모두들 힘차게 서로 무언의 격려를 하면서 뛰기 시작했다. 바깥 풍경을 바라보며 열심히 달리다 보니 5분, 10분, 15분이 지나 있었고, 어느새 5km를 넘게 달리고 있었다. 헬스장에서 러닝머신을 타면 솔직히 15분도 타기가 힘들었는데, 직접 바깥 풍경을 바라보며 사람들과 같이 완주라는 목표를 갖고 열심히 달리다 보니 힘들어도 충분히 할 수 있을 것만 같았다. 5km 이후로는 이제 몸에 힘이 빠지고 정신력으로 달리는 느낌이 많이 들었다. 그렇게 1km씩 점점 완주지점과 가까워지며 결국 54분이라는 시간으로 완주했다. 완주한 후 걷기 시작했더니 다리에 알이 배 있어 걷기가 힘들었다. 그리 긴 거리는 아니었지만, 그래도 난생처음으로 마라톤에 도전해서 완주했다는 것에 뿌듯해하며 집으로 돌아갔다. 이 마라톤으로 나에게 얻어진 교훈이 있다면, 지레 겁먹고 숨지 말고 남들이 하는 건 나도 충분히 할 수 있다는 믿음을 얻었다는 것이다.

 일을 하다 보면 스트레스가 많이 쌓이기도 했다. 그래서 스트레스를 풀기 위해 혼자서 열심히 공연도 보고, 문화생활도 해보려고 하고, 동호회 생활도 해보려고 많이 노력을 했었다. 스트레스를 심하게 받은 날도 있었는데, 그날에는 정말 뒷골이 당길 정도로 스트레스를 많이 받기도 했었다. 그러다 보니 신경이 머리 안에 계속 머물러 있게 되었고, 신경을 멀리 보내고 싶어도 계속 머릿속에 갇혀 떠나지 않고 스트레스를 받게 되는 생각을 계속하게 되기도 했다. 스트레스는 그렇게 강제로 신경을 내 머릿속에 두었고, 호흡장애를 유발했고, 내 의지로 신경을 멀리 보내도 되돌아오는 상황을 계속 만들었다. 그렇기에 스트레스를 해결하기 위해 열심히 취미 생활을 했다. 그러던 어느 날 2023년 1월에 회사 직원의 소개로 어떤 여성분을 소개받았다. 그분의 첫인상은 단발머리에 작은 얼굴, 오목조목한 이목구비, 적당한 키에 애교가 많은 여성분으로 매력이 아주 많은 예쁜 여성분이었다. 그렇게 몇 번의 만남 끝에 교제를 시작했고 외로운 타지 생활 속에 든든한 내 편이 있는듯한 느낌도 받았다. 예전엔 타지 생활을 하다 보면 가끔 이런 느낌을 받곤 했다. 퇴근하고 무력한 가운데 집에 가도 무언가 허전한 느낌, 혼자서 무언갈 열심히 하지만 허전한 느낌, 식당에서 밥을 먹을 순간이 오더라도 혼자라서 갈 수 없어 발걸음이 멈추게 되는 허전함 등이 있었다. 아마 혼자서 타지 생활을 하시는 많은 분들도 한 번쯤은 느꼈을 법한 상황이라고 생각된다. 이런 걸 보면 역시 사람은 혼자서 평생 지낼 수 없는 것 같았다. 물론 혼자 지내는 사람이 너무 좋은 사람도 있겠지만, 난 그런 사람이 아니라는 확신이 시간이 지날수록 더욱 선명해져 갔다.

끝으로

혹시나 이 책을 열심히 읽어주신 독자분이 스스로 호흡장애를 치료하려고 신경발성법을 한다면 주의사항이 있다. 먼저 첫 소리를 낼 때 신경이 몸 밖에 있는 상태에서 소리가 나느냐, 몸 안에서 소리가 나느냐에 따라 나의 호흡과 소리가 결정되므로 되도록 신경이 몸 밖에 있도록 하여 소리를 내어주는 것이 정말 중요하다. 왜냐하면 소리가 입 밖으로 빠져나가기 위한 것도 있지만 가장 마지막에 했던 신경발성법이 평소에 호흡하는 것에 큰 영향을 미치기 때문이다. 특히 어떤 발성을 시도했을 때 갑자기 배에서 꼬르륵 소리가 난다면 앞에서 기술해 놓았던 호흡장애 증상들이 심해질 수도 있기에 굉장히 조심스럽고, 섬세하게 치료 발성을 해야 하는 것이 맞다. 잘못한다면 정말 엄청난 정신적인 고통을 맛보게 될지도 모른다. 그렇기에 사실상 혼자 연습하는 것을 딱히 추천드리고 싶지는 않아 하는 편이다. 또한 우리 성대는 신경이 거쳐 가는 부분으로서 특정 신체 부위에 뚝뚝 소리가 나면 바로 목이 쉬게 되는 증상으로 나타나기에 되도록 정자세로 발을 일자로 만들어서 하는 것이 가장 좋다. 지금 필자의 목은 치료 발성을 많이 하고, 연습을 많이 했기에 이제는 목에 힘을 주어 발음을 하지 않게 바뀌게 되어 어딘가 몸에서 뚝뚝 소리가 나면 목에서 바로 확연하게 티가 나게 된다. 그렇게 하루에 수십 번씩 몸에서 뚝뚝 소리가 나니 목이 멀쩡했다가 잠시 쉬었다가를 반복하게 된다. 손목이나 발바닥에서 뚝뚝 소리 나는 것은 금방 치료 발성으로 호전되게 할 수 있으나, 허리 같은 곳에서 큰 소리로 뚝뚝 소리가 나는 것은 그 영향이 좀 더 길게 지속되기에 특히 조심해야 한다. 그리고 우리의 몸을 세로로 반으로 갈라 좌, 우로 나누어 몸의 왼쪽이 뚝뚝거리면 왼쪽 성대가 고장이 나고, 오른쪽이 뚝뚝거리면 오른쪽 성대가 고장이 나므로 잘 확인하여 치료를 강행하면 될 것 같다. 근데 대부분 노래를 잘하고 싶어서, 발성을 잘하고 싶어서, 고음을 잘하고 싶어서, 고빗사위 구간을 잘 넘기고 싶어서 호흡장애를 치료하는 건 사실상 감수해야 할 부분이 많이 따른다. 치료를 하다 보면 목에 힘이 다 빠져 목의 힘으로 음을 올리는 것에 한계가 생기기 때문에 연습 도중에 순간 어딘가가 뚝뚝거리면 위장으로 공기가 들어오고, 목도 금방 휙휙 잠시 동안 쉬어버리고 하는 증상이 생기기 때문에, 만약 시작한다면 각오를 다지고 시작해야 하는 것이 맞다. 참, 그리고 성대가 사용될 때 똑같은 부분이 저음에서 한 번, 고음에서 한 번 이렇게 해서 두 번이 사용되게 된다. 즉, 고빗사위 구간에서 나타나는 음이탈은 고음에서 사용되는 성대모양에서 소리낼 때 나오게 되는데 성대의 똑같은 부분이 두 번 사용되니 저음에서 치료를 하면 자연스럽게 고음도 치료가 된다는 말이다. 그 이유가 성대가 높은음을 올렸다가 내려오다 보면 음이 아닌 마찰 소리만 나는 부분이 한 번 느껴지게 될 것이고, 그 부분을 지나 더 내려오면 다시 멀쩡한 음이 나는 부분에 이르렀다가 저음에도 똑같이 마찰 소리가 나는 부분에 맞닥뜨리게 될 것이다. 경직된 저음에서 마찰만 나게 되는 소리의 위치를 유지하면서 진동을 계속 내게끔 해주면 나중에는 마찰 소리가 아닌 음이 나게 되며, 고음에서 사용되는 성대 부분도 같이 치료가 된 걸 볼 수 있었다. 그러므로 고빗사위 구간이 줄어들게 되어 호흡장애와 고빗사위 구간의 연관성을 알게 됐고 확실시된 것이다. 또 피부와도 연관이 있는 것을 확실하게 알게 됐다. 그 이유는 신경발성법을 통해 호흡을 바꾸게 되면 얼굴 피부의 탄력이 때로는 탄탄하게 지속되는 발성법이 있는 반면, 피부 탄력이 지속적으로 떨어져 피부에 힘이 없는 발성법이 있었다. 피부의 탄력이 떨어지거나 탄탄해지는 주된 이유는 내가 식도가 열린 호흡을 많이 하느냐, 기도가 많이 열린 호흡을 많이 하느냐에 따라 달라졌다. 이 전에 호흡장애 증상에도 기록해 놨듯이 식도가 많이 열려 호흡장애가 심해지면 호흡이 수동으로 되어 몸에서 불안 및 불편한 감이 심해진다. 그것이 점점 쌓이게 되면 공황장애가 올 수도 있지 않을까 한다. 반대로 기도호흡의 비중이 커지면 내가 수동으로 숨을 쉬지 않아도, 내 의식이 숨 쉬는 것에 집중이 되어 있어도 자동으로 숨을 복식호흡으로 쉬게 되고 편안함을 느끼게 된다. 이 둘을 구분하는 방법으로는 의식적으로 신경을 코 앞쪽에 둔 상태로 숨을 의식적으로 멈추고 편안하게 가만히 있을 때 숨이 자동으로 쉬어지는지 판단하면 된다. 만약 자동으로 쉬어지지 않는다면 식도호흡의 비중이 큰 경우로 잠을 잘 못 잘 수가 있으며, 피부 탄력이 떨어지고, 코로 숨이 시원하게 들어오며, 이 상태로 시간이 흐를 경우 호흡장애가 심해질 것이며, 공황장애가 오게 될 수도 있다. 내가 지금 이것이 좀 더 확실하게 이해가 된 계기는 COVID-19 바이러스에 걸렸을 때 테스트를 해봤기 때문이다. 바이러스 증상이 있을 때 폐의 기능이 떨어져 기도호흡이 잘 안되는 상황이었고, 그때 난 호흡장애에 대해 굉장히 많은 이해를 하고 있었기에 식도호흡의 비중이 커졌을 때 신경발성법을 통해 기도호흡을 많이 하는 발성법으로 내 몸 상태를 바꾸려고 했다. 그러나 코로나 바이러스에 걸려 폐 기능이 많이 저하된 상태로는 기도호흡으로 바꾸려고 해도 잘 바뀌지 않았으며, 식도호흡의 비중이 점점 커지는 것을 알게 됐고 덩달아 성대가 상하게 되어 음이 아닌 마찰 소리가 많이 나게 됐었다. 그 상황에서 잠을 자려고 해도 다시 금방 눈이 떠졌고 피곤함이 눈에 서려 있었으며, 수동으로 숨이 쉬어짐으로 인해 불안함도 함께 오곤 했다. 시간이 지나 다시 폐 기능이 어느 정도 호전이 된 상태에서야 기도호흡이 제대로 되게 됐고, 이러한 경험을 통해 전보다 더 공황장애에 대한 원인을 알게 됐고, 확신을 갖게 되었다.

혹시 이 책을 읽으신 독자분들께서 나도 호흡장애 증상이 있다고 느끼셔서 '나도 할 수 있겠는데?'라고 생각하셔서 테스트하게 된다면 정말 정신적으로 큰 타격을 입을 수도 있다고 마지막으로 말씀드리고 싶다. 나의 이 경험은 그냥 발성법만 바뀌어서 파악해 보는 것이 아니라 주먹을 쥐어보고 힘이 안 빠지는지, 자동으로 복식호흡이 되는지, 내 몸은 편안한지, 잠을 잘 때는 괜찮은지, 목소리의 위치는 어딘지, 호흡장애가 심해지는지, 최저 음에 자극이 되는지, 피부 탄력은 어떤지, 피부톤은 밝아지는지 등의 발성법을 바꾼 이후까지 모두 테스트를 해보면서 하나의 발성법의 결과를 파악하여 다시 다른 발성법을 찾아보는 것이기 때문에 하나의 발성법에 최소 하루 이상이 걸린다고 말씀드리고 싶다. 즉, 결과를 확인하려면 하루 이상의 기간 동안 호흡장애가 더 심해질 각오를 하고 테스트를 해야 한다는 것이다. 그리고 내가 이 책에 신경발성법으로 치료하는 방법을 올리지 않는 이유는 정적으로 고정된 게 아니라 좀 더 좋은 방향인 것을 계속 찾아보고 달라지므로, 이것이 기록돼서 독자들에게 잘못된 방식의 과거 신경발성법이 무조건 치료가 될 수 있는 방법처럼 받아들여질 수 있으므로 책에는 기록하지 않는 것이다.

호흡장애 개선 후
바뀐 증상들

① 시선이 가볍게 멀리 집중된다.
② 코로 시원하게 숨이 들어오는 것이 없어지고, 한계가 있다.
③ 특정 신체 부위가 돌아가 교정이 된다.
④ 뱃속에 공기가 머무는 시간이 현저히 줄어든다.
⑤ 숨 쉬는 것을 신경 씀에도 자연스레 자동으로 복식호흡이 된다.
⑥ 고빗사위 구간이 줄어든다.
⑦ 음역대가 올라간다.
⑧ 목소리의 진동이 입술 주변 쪽으로 이동한다.
⑨ 몸과 마음이 편안함을 느끼게 된다.
⑩ 평소에 몸에서 뚝뚝 소리 나던 부분이 없어지기도 하고, 다른 곳이 뚝뚝거리기도 한다.

⑪ 음식물을 삼킬 때 편안하게 삼켜지며, 같이 들어가는 공기량이 줄어든다.
⑫ 눈부심, 눈에 바람이 닿는 느낌이 줄어들고, 눈을 자동으로 깜빡이게 된다.
⑬ 피부 탄력이 조금 생기고, 피부톤이 밝아진다.

지금까지 호흡장애를 치료하면서 정말 많은 변화를 비교하였으며 일단 우리는 발성이라는 개념을 새로 익힐 필요가 있다는 것을 깨닫게 됐다. 발성은 소리를 배우기 위함만 있는 것이 아니라 내 몸의 내부를 유일하게 치료하는 과정인 것이다. 즉, 발성은 내 목과 몸의 상태를 알려주는 척도이며 자세, 발성, 호흡장애, 목소리, 저음, 고음, 고빗사위, 오롯소리는 모두 동그랗게 반지처럼 연결이 돼 있다.

끝으로 우리 몸의 신경은 분명 목을 거쳐 뇌와 연결이 돼 있다. 그렇기에 우리 몸이 반응하는 것일 테고, 그 신경이 고장 나면 연결된 부분에 반응이 올 것이라 생각한다. 어쩌면 우리의 성대는 목소리를 내는 것뿐만이 아닌 굉장히 많은 것과 연관돼 있을지도 모른다. 몸이 고장 날수록 목소리로 티가 나게 될 것이고, 여러 가지 증상이 생길 것이다. 또한 몸 내부의 신경들을 재활치료 할 수 있는 유일한 기관일지도 모른다. 아니, 아마 틀림없다. 왜냐하면 뇌로 가기 위해 많은 신경들이 지나가야 하는 통로이자, 유일하게 몸 안쪽에 있으면서 컨트롤이 가능하며, 반응할 수 있는 내부 기관이기 때문이다. 하지만 우리들은 목소리를 정말 대수롭지 않게 많이 생각한다. 물론 나도 그랬지만, 치료 발성을 연구하고 많은 시행착오와 전후를 비교하게 된 후부터는 목소리가 얼마나 우리 몸에서 중요한 비중을 차지하는지 알게 되는 계기가 됐다. 그렇기에 결국 호흡장애는 눈, 코, 목구멍, 어깨, 골반, 무릎, 발, 걸음걸이 등등의 모두와의 상관관계를 보여주곤 했다. 어쩌면 우리의 몸은 고장 난 것에 대한 신호를 보내 스스로 깨쳐 고쳐주길 바란 것은 아닐까? 정말 오랜 시간 동안 말이다. 그래서 나는 내 몸에게 이렇게 속으로 말했다. '다른 모두는 널 외면했지만, 나만큼은 너에게 관심을 가져보도록 노력할게'라고 말이다. 그렇게 난 호흡장애에 대한 증상이 90% 이상 호전되었으며 일상생활에 전혀 지장을 받지 않는 차분한 상태가 됐고, 간혹 호흡장애 증상이 발생되더라도 정신적, 육체적인 고통이나 두려움이 없어졌다. 왜냐하면 내가 이미 호흡장애가 발생하는 원리, 해결 방법, 원인 등을 인지하고 있기 때문인 것 같았다. 그리고 반드시 기억해야 한다. 호흡장애는 누구에게나 일어날 수 있는 흔한 일이라는 것을 말이다.

세상엔 사람과 사람 간의 대립, 갈등, 동조, 공감에 의해 생겨나고 만들어진 법칙이 아닌, 사람이 아직 알아내지 못한 기존에 있던 법칙들이 많이 있을 것이다. 우리가 자연에 이미 존재하고 있던 법칙들을 하나씩 발견하면서 우리의 삶에 큰 변화를 가져온 것도 그 법칙들 중에 하나라고 말할 수 있을 것 같다. 예를 들면 자연에너지인 불, 물, 전기를 알게 된 것, 음악에 대한 소리의 법칙, 어떤 생물이나 물체 및 기체가 조합되면 어떤 결과가 만들어지는 법칙 등 무수히 많은 법칙이 있을 것이다. 이런 법칙들을 처음 발견하면서 많은 사람들이 관심을 갖게 되고 힘을 모아 연구하게 됐을 때 엄청 빠른 속도로 그것을 파헤쳐 나갔고, 그 결과로 삶에 큰 변화를 주었다. 이처럼 첫 발견은 삶의 변화에 있어 큰 의미를 갖게 된다는 것을 뜻한다. 내가 알게 된 이 내용들은 비록 세상을 바꿀만한 대단한 것은 아닐지라도 누군가에게는 도움이 될 수 있을 만한 작은 희망이라고 생각하고, 이것을 발판 삼아 공황장애, 호흡장애에 대해 연구해 갈 수 있는 첫 발돋움이 되었으면 하는 바람이다.

마지막 일기

누구나 내가 아닌 다른 한 사람의 인생을 들여다보게 된다면, 그 사람의 인생을 존중하게 된다. 돈이라는 물질적인 것에 중점을 둔 것이 아니라, 사람에 중점을 둔 상태로 그 사람을 마주하기 때문이다.

📖 깨단한 글들

제목 : 일생
푸른 새벽 아래 같은 햇살 이불 덮으며 지내왔으나
붉은 햇살 아래 같은 노력하며 땀 소나기 흘렸으나
어두운 달빛 아래 같지 않은 너와 나

상대방을 존중할 수 있게끔 나를 되돌아보는 대화법

① 상대방에게 먼저 나의 내면을 부담스럽지 않게 꺼낼 것
② 내가 묻고 싶은 말을 하기보다는 상대방이 스스로 이야기할 수 있도록 편안함을 유도할 것
③ 말하는 것보단 이야기가 끝날 때까지 기다리고 들어줄 것
④ 고맙다, 감사하다는 표현을 아끼지 않고 상대방을 칭찬할 것
⑤ 항상 진심을 다한 대화와 행동을 할 것
⑥ 상대방에게 받는 호의를 가볍게 생각하지 말 것
⑦ 상대방과 적정거리를 유지할 것
⑧ 거절할 땐 정중하게 확실히 거절할 것
⑨ 상대방도 누군가의 소중한 가족이기에 함부로 대하지 말 것
⑩ 나의 기준에 상대방을 끌어들이지 말고, 있는 그대로 상대방을 받아들일 것
⑪ 말을 너무 빠르게, 성급하게, 많이 하지 말 것
⑫ 너무 상대방을 재고 따지지 말 것

지극히 주관적인 긍정적인 사람과 부정적인 사람의 관계

① 긍정적인 사람 + 긍정적인 사람 = 서로 보완해 주며 조화로운 관계
② 긍정적인 사람 + 부정적인 사람 = 한 사람이 일방적으로 참는 관계
③ 부정적인 사람 + 부정적인 사람 = 서로의 의견이 부딪쳐 다툼이 잦아지는 관계

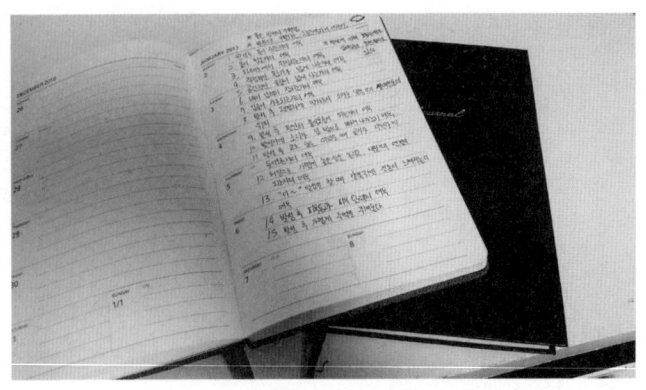

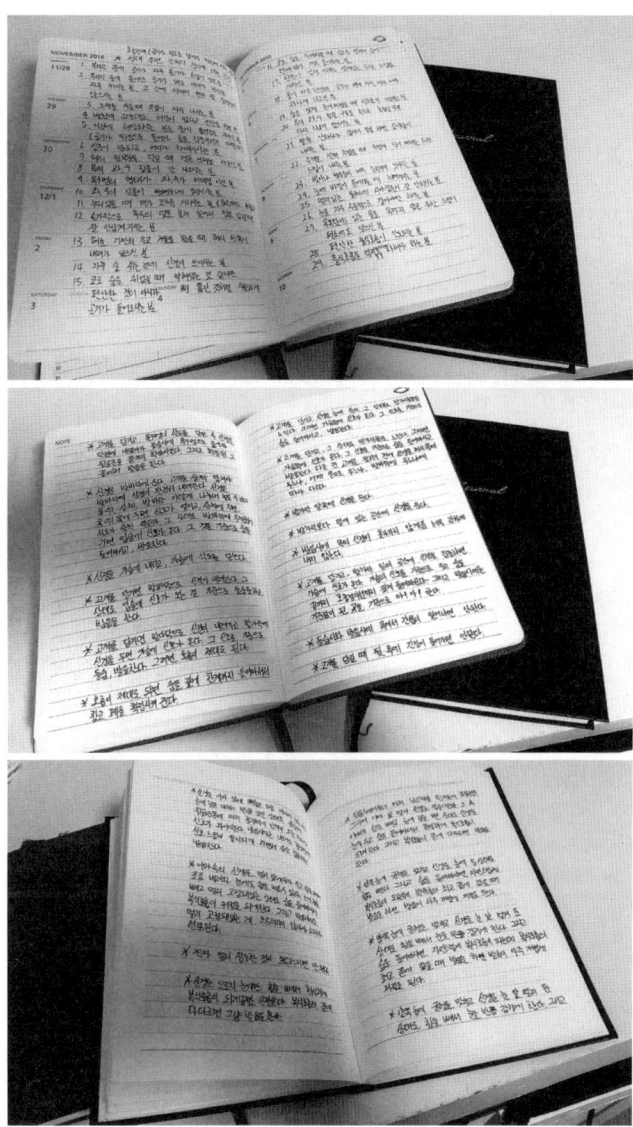

마지막 일기

나의 작은 이력서

초판 1쇄 발행 2025. 6. 19.

지은이 Wooya
펴낸이 김병호
펴낸곳 주식회사 바른북스

편집진행 황금주
디자인 양헌경

등록 2019년 4월 3일 제2019-000040호
주소 서울시 성동구 연무장5길 9-16, 301호 (성수동2가, 블루스톤타워)
대표전화 070-7857-9719 | **경영지원** 02-3409-9719 | **팩스** 070-7610-9820

• 바른북스는 여러분의 다양한 아이디어와 원고 투고를 설레는 마음으로 기다리고 있습니다.
이메일 barunbooks21@naver.com | **원고투고** barunbooks21@naver.com
홈페이지 www.barunbooks.com | **공식 블로그** blog.naver.com/barunbooks7
공식 포스트 post.naver.com/barunbooks7 | **페이스북** facebook.com/barunbooks7

ⓒ Wooya, 2025
ISBN 979-11-7263-435-3 03810

• 파본이나 잘못된 책은 구입하신 곳에서 교환해드립니다.
• 이 책은 저작권법에 따라 보호를 받는 저작물이므로 무단전재 및 복제를 금지하며,
 이 책 내용의 전부 및 일부를 이용하려면 반드시 저작권자와 도서출판 바른북스의 서면동의를 받아야 합니다.